"十三五"职业教育国家规划教材配套用书

财务会计
学习指导、习题与实训
（第六版）

CAIWU KUAIJI XUEXI ZHIDAO XITI YU SHIXUN

新准则 新税率

主　编　王宗江　赵孝廉
副主编　李英红　周　彦　吕文涛

本书另配：课程标准
　　　　　电子教案
　　　　　参考答案

高等教育出版社·北京

内容提要

本书是"十三五"职业教育国家规划教材配套用书。本书是依据教育部最新制订的《高等职业学校专业教学标准》中关于本课程的教学要求,并参照相关的国家职业技能标准和行业职业技能鉴定规范修订而成的。

本书是与《财务会计》教材配套的学习指导、习题与实训书。全书结构与教材同步,每章包括:学习指导、习题与实训两部分。学习指导是对每一个项目内容的概括;习题与实训包括填空题、判断题、单项选择题、多项选择题、名词解释、思考题和实务操作题。为了利教便学,本书另配有习题与实训参考答案。

本书既可作为高等职业院校财务会计类专业学生用书,也可作为在职会计人员培训及企业管理人员的参考用书。同时,本书编写结合了五年制高职学生的实际情况和教学需求,也可作为五年制高职教学用书。

图书在版编目(CIP)数据

财务会计学习指导、习题与实训/王宗江,赵孝廉主编. —6版. —北京:高等教育出版社,2019.1(2022.1重印)
ISBN 978-7-04-051274-8

Ⅰ.①财… Ⅱ.①王… ②赵… Ⅲ.①财务会计-高等职业教育-教学参考资料 Ⅳ.①F234.4

中国版本图书馆CIP数据核字(2019)第011424号

策划编辑	刘悦珍 代小童	**责任编辑**	代小童 刘悦珍	
封面设计	张文豪	**责任印制**	高忠富	

出版发行	高等教育出版社	网　址	http://www.hep.edu.cn
社　址	北京市西城区德外大街4号		http://www.hep.com.cn
邮政编码	100120		http://www.hep.com.cn/shanghai
印　刷	杭州广育多莉印刷有限公司	网上订购	http://www.hepmall.com.cn
开　本	787 mm×1092 mm 1/16		http://www.hepmall.com
印　张	10.75		http://www.hepmall.cn
字　数	277千字	版　次	2007年1月第1版 2019年1月第6版
购书热线	010-58581118	印　次	2022年1月第5次印刷
咨询电话	400-810-0598	定　价	23.00元

本书如有缺页、倒页、脱页等质量问题,请到所购图书销售部门联系调换
版权所有　侵权必究
物　料　号　51274-A0

第六版前言

本书是《财务会计》(第六版)(王宗江、张洪波主编,高等教育出版社出版)一书的配套用书。

《财务会计》(第五版)与本书第五版出版后,国家相继对已颁布的《企业会计准则——具体准则》进行了修订。2017年11月至2018年12月,国家又对《中华人民共和国会计法》《中华人民共和国个人所得税法》《中华人民共和国增值税暂行条例》进行了修订。我们根据以上财税法规的内容,对《财务会计》(第五版)进行了全面修订,并作为第六版出版。与其配套的《财务会计学习指导、习题与实训》(第五版)同步进行修订,作为第六版出版。

《财务会计学习指导、习题与实训》(第六版)修订的主要内容如下:

(1) 按新金融准则对金融资产核算的相关内容进行了全面修订。

(2) 按新收入准则对收入核算的相关内容进行了全面修订。

(3) 按新金融准则和新收入准则的要求对财务会计报表的相关内容进行了全面修订。

(4) 按新金融准则和新收入准则的要求对有关资产、负债和权益核算的部分相关内容进行了修订。

(5) 对涉及会计法、增值税暂行条例和个人所得税法修订的有关内容进行了全面修订。

(6) 对原书稿中个别文字和举例的时效性进行了全面调整和修订等。

本次修订由王宗江总负责并提出具体修订计划。王宗江、赵孝廉任主编,李英红、周彦、吕文涛任副主编。具体修订分工如下:第一章、第十三章、第十五章、综合操作题、综合测试题由王宗江、李英红负责;第二章、第四章、第七章、第十二章由王来根、孙峰负责;第三章、第九章由张洪波、吕元忠负责;第五章、第六章、第十章由赵孝廉、吕文涛负责;第八章由周彦负责;第十一章、第十四章由耿聪慧、牟平负责。全书由王宗江进行总纂。

由于编者水平所限,书中不足之处在所难免,恳请读者不吝指正。

编　者
2019年1月

目 录

- 001 **第一章 总 论**
  - 001 学习指导
  - 002 习题与实训
- 006 **第二章 货币资金**
  - 006 学习指导
  - 007 习题与实训
- 015 **第三章 应收和预付款项**
  - 015 学习指导
  - 016 习题与实训
- 024 **第四章 存 货**
  - 024 学习指导
  - 025 习题与实训
- 036 **第五章 金融资产**
  - 036 学习指导
  - 037 习题与实训
- 043 **第六章 长期股权投资**
  - 043 学习指导
  - 044 习题与实训
- 052 **第七章 固定资产**
  - 052 学习指导
  - 053 习题与实训
- 061 **第八章 无形资产和其他资产**
  - 061 学习指导
  - 062 习题与实训

第九章　流动负债

- 068　学习指导
- 069　习题与实训

第十章　非流动负债

- 078　学习指导
- 079　习题与实训

第十一章　所有者权益

- 085　学习指导
- 086　习题与实训

第十二章　收入和费用

- 095　学习指导
- 096　习题与实训

第十三章　所得税

- 109　学习指导
- 110　习题与实训

第十四章　利润及利润分配

- 123　学习指导
- 124　习题与实训

第十五章　财务会计报告

- 131　学习指导
- 132　习题与实训

140　综合操作题

150　综合测试题

第一章 总 论

学 习 指 导

一、主要参考法规索引

1.《中华人民共和国会计法》(2017年11月4日第十二届全国人民代表大会常务委员会第三十次会议修订通过,自2017年11月5日起施行)。

2.《企业会计准则——基本准则》(2006年2月15日财政部发布,自2007年7月1日起施行。2014年7月23日根据财政部令第76号对个别条款进行了修订)。

3.《企业会计准则——具体准则》〔1—38〕《企业会计准则——应用指南》〔1—38〕(2006年10月30日财政部发布,自2007年1月1日起施行)。2014—2018年又对部分具体会计准则(应用指南)进行了三次修订,并陆续发布了具体会计准则〔39—42号〕和具体会计准则〔39—42号〕应用指南)。

4.《企业会计制度》(2000年12月29日财政部发布,自2001年1月1日起施行)。

5.《会计基础工作规范》(1996年6月17日财政部发布,2019年3月14日重新修订)。

6.《会计专业技术人员继续教育规定》(2018年5月19日财政部、人力资源社会保障部发布,自2018年7月1日起施行)。

7.《企业内部控制基本规范》(2008年5月22日财政部发布,自2009年7月1日起施行)。

二、学习要点

1. 财务会计与管理会计相比所具有的特点。
2. 财务会计信息的使用者。
3. 财务会计的目标及其具体内容。
4. 财务会计基本前提的概念及其主要内容。
5. 财务会计信息质量要求的概念及其主要内容。
6. 反映财务状况的会计要素。

7. 反映经营成果的会计要素。
8. 会计要素的各种计量属性。
9. 会计等式及其表现形式。
10. 我国现行财务会计法规体系及其主要内容。

三、重点、难点问题

1. 财务会计的概念及特点。
2. 财务会计的目标。
3. 财务会计的基本前提。
4. 财务会计信息的质量要求。
5. 财务会计的要素。

习题与实训

一、填空题

1. 现代企业会计由_____和_____两大分支组成。
2. 会计信息的使用者包括_____、_____、_____和_____等方面。
3. 财务会计的基础包括_____和_____。
4. 财务会计的基本前提包括_____、_____、_____和_____等。
5. 会计信息质量要求的可靠性具体包括_____、_____和_____等内容。
6. 反映企业财务状况的会计要素包括_____、_____和_____。
7. 反映企业经营成果的会计要素包括_____、_____和_____。
8. 企业会计准则包括_____、_____和会计准则应用指南等。
9. 目前国家颁布执行的会计制度主要有_____、_____、_____和_____等。
10. 2017年国家新颁布的企业具体会计准则是_____。

二、判断题

1. 财务会计的目标侧重于规划未来,对企业的重大经营活动进行预测和决策,以及加强事中控制。( )
2. 财务会计对外提供的会计信息全部是由国家法律规定的。( )
3. 谨慎性要求企业不仅要核算可能发生的收入,而且要核算可能发生的费用和损失,以对未来的风险进行充分核算。( )
4. 企业预期的经济业务所将发生的债务,应作为负债进行核算。( )
5. 可理解性是指企业提供的会计信息应当与会计信息使用者的经营决策相关。( )
6. 一项会计事项重要性的确认,在很大程度上取决于企业会计人员的职业判断。( )

7. 法律主体必定是会计主体，会计主体也必定是法律主体。　　　　　　（　　）

8. 同一会计主体在不同会计期间发生的相同交易或事项，尽可能采用相同的会计处理方法和会计程序，不得随意改变，这是会计信息质量可比性的要求。　　　　　　　　（　　）

9. 企业采用权责发生制确认收入和费用的所属会计期间，而不是以货币的实际收付为依据，是建立在持续经营会计基本假设基础上的。　　　　　　　　　　　　　　（　　）

10. 债权人权益和投资者权益是同一问题的两种不同表述，两者享有相同的权利并承担相同责任。　　　　　　　　　　　　　　　　　　　　　　　　　　（　　）

11. 会计上所讲的收入通常包括为第三方或者客户代收的款项。　　　　　（　　）

12. 会计上所讲的费用是狭义的，是指企业为销售商品、提供劳务等日常活动所发生的，会导致所有者权益减少的与向所有者分配利润无关的经济利益的流出。　　（　　）

三、单项选择题

1. 财务会计提供会计信息的主要方式是（　　）。
   A. 财务会计报告　　　　　　　　B. 媒体宣传材料
   C. 信息发布会　　　　　　　　　D. 董事会报告

2. 下列对象不属于会计信息的主要使用者的是（　　）。
   A. 企业投资者　　　　　　　　　B. 社会公众
   C. 企业债权人　　　　　　　　　D. 企业材料供应商

3. 明确会计服务对象，界定会计为其服务的特定单位和组织的基本前提是（　　）。
   A. 会计主体　　B. 会计分期　　C. 持续经营　　D. 货币计量

4. 会计核算必须以实际发生的经济业务及证明经济业务发生的合法凭证为依据，如实反映企业的财务状况和经营成果，这个信息质量要求是（　　）。
   A. 一贯性　　B. 相关性　　C. 重要性　　D. 可靠性

5. 下列会计事项处理，体现了谨慎性原则要求的是（　　）。
   A. 按期计算无形资产摊销　　　　B. 对应收账款计提坏账准备
   C. 存货按历史成本计价　　　　　D. 当期收入与费用相配比

6. 企业将租入的固定资产确认为使用权资产核算，体现的会计信息质量要求是（　　）。
   A. 可比性　　　　　　　　　　　B. 谨慎性
   C. 配比性　　　　　　　　　　　D. 实质重于形式

7. 会计记录和会计信息必须清晰、简明，便于理解和利用，这一要求体现的会计信息质量原则是（　　）。
   A. 可理解性　　B. 及时性　　C. 一贯性　　D. 可比性

8. 下列各项中，反映企业财务状况的会计要素是（　　）。
   A. 所有者权益　　B. 营业收入　　C. 利润　　D. 财务费用

9. 会计人员的职业道德是由（　　）这一会计法规规定的。
   A. 会计制度　　B. 具体会计准则　　C. 基本会计准则　　D. 会计法

10. 会计工作依据的根本大法是（　　）。
    A. 会计法　　B. 基本会计准则　　C. 具体会计准则　　D. 企业会计制度

11. 下列事项中不属于反映会计信息质量要求的是（　　）。
    A. 可靠性　　B. 可比性　　C. 实质重于形式　　D. 公允价值

12. 权责发生制基础是对企业（　　）的确认和计量时的要求。
    A. 资产和负债　　　　　　　　　　　B. 所有者权益
    C. 本期收入和费用　　　　　　　　　D. 现值

四、多项选择题

1. 财务会计的基本前提包括（　　）。
   A. 会计主体　　　B. 持续经营　　　C. 会计分期　　　D. 货币计量
   E. 法律主体
2. 反映企业财务状况的会计要素有（　　）。
   A. 利润　　　　　B. 收入　　　　　C. 负债　　　　　D. 所有者权益
   E. 资产
3. 企业会计信息的主要使用者包括（　　）。
   A. 投资者　　　　　　　　　　　　　B. 债权人
   C. 政府及其有关机关　　　　　　　　D. 社会公众
   E. 企业员工
4. 财务会计基础包括（　　）。
   A. 权责发生制　　B. 历史成本计价　C. 收入费用配比　D. 编制财务报告
   E. 分期结算账目
5. 下列组织中，可以作为一个会计主体进行会计核算的有（　　）。
   A. 独资企业　　　B. 企业分公司　　C. 企业生产分厂　D. 集团公司
   E. 合伙企业
6. 下列项目中，属于资产范围的有（　　）。
   A. 租入的固定资产　　　　　　　　　B. 临时借入的资产
   C. 委托加工商品　　　　　　　　　　D. 无形资产
   E. 预付销货单位款项
7. 下列属于会计从业人员管理法规的有（　　）。
   A. 总会计师条例　　　　　　　　　　B. 会计专业技术人员继续教育规定
   C. 会计档案管理办法　　　　　　　　D. 会计基础工作规范
   E. 企业会计制度
8. 下列各项属于会计信息质量要求的有（　　）。
   A. 相关性　　　　B. 可比性　　　　C. 可理解性　　　D. 实质重于形式
   E. 货币计量
9. 下列项目中属于负债要素特点的有（　　）。
   A. 由过去的交易或事项形成　　　　　B. 偿还将导致经济利益流出企业
   C. 能够用货币确切计量　　　　　　　D. 有确切的偿付日期
   E. 为企业所拥有或控制
10. 我国现行的财务会计法规体系包括（　　）。
    A. 会计法　　　　　　　　　　　　　B. 企业会计准则
    C. 企业会计制度　　　　　　　　　　D. 企业内部控制基本规范
    E. 企业财务会计报告条例

11. 下列账户中,属于损益类的有（　　）。
    A. "投资收益"　　　　　　　　B. "生产成本"
    C. "所得税费用"　　　　　　　D. "制造费用"
    E. "主营业务成本"

12. 下列项目中,属于所有者权益的有（　　）。
    A. 实收资本　　B. 资本公积　　C. 未分配利润　　D. 长期股权投资
    E. 应收账款

五、名词解释

1. 财务会计
2. 会计主体
3. 会计分期
4. 权责发生制
5. 重要性
6. 会计要素
7. 资产
8. 费用
9. 企业会计准则
10. 会计等式

六、思考题

1. 简要说明财务会计的特点。
2. 简述财务会计的目标。
3. 简述财务会计基本前提包含的主要内容。
4. 简述财务会计信息质量要求的主要内容。
5. 简述财务会计的基本要素及其相互关系。
6. 简述会计法的主要内容。
7. 简述企业会计准则的主要内容。
8. 简述企业会计制度的主要内容。
9. 简述会计专业技术人员继续教育法规的主要内容。
10. 简述企业内部控制基本规范的主要内容。

七、实务操作题（本章无）

第二章 货币资金

学 习 指 导

一、主要参考法规索引

1.《人民币银行结算账户管理办法》(2003年4月10日中国人民银行颁布,自2003年9月1日起施行)。

2.《现金管理暂行条例》(1988年9月8日国务院颁布,自1988年10月1日起施行,之后于2011年1月8日修订)。

3.《支付结算办法》(1997年9月19日中国人民银行颁布,自1997年12月1日起施行)。

4.《中华人民共和国票据法》(2004年8月28日全国人民代表大会常务委员会公布,自公布之日起施行)。

5.《企业内部控制应用指引第6号——资金活动》(2010年4月15日财政部发布,自2011年1月1日起在境内外同时上市的公司施行)。

二、学习要点

1. 货币资金的性质、范围及内部控制。
2. 库存现金管理的主要内容。
3. 库存现金收付业务的核算。
4. 库存现金清查的核算。
5. 定额备用金及非定额备用金的核算。
6. 银行结算账户的开户与使用管理。
7. 各种支付结算方式的使用范围及结算程序。
8. 银行存款收支业务的核算。
9. 银行存款清查及银行存款余额调节表的编制。
10. 其他货币资金核算。

三、重点、难点问题

1. 货币资金内部控制的原则和具体规定。
2. 库存现金管理的内容。
3. 库存现金收支的核算。
4. 银行汇票、商业汇票、银行本票、支票、委托收款等支付结算方式的使用规定。
5. 银行存款的核算及银行存款余额调节表的编制。

习题与实训

一、填空题

1. 货币资金按存放地点和用途的不同分为_____、_____和_____。
2. 货币资金的内部控制原则是_____、_____、_____和_____。
3. 其他货币资金包括的内容有_____、_____、_____、_____、_____和_____。
4. 现金的清查包括出纳员每日的_____、清查小组进行的_____和_____的盘点和核对。
5. 备用金按管理方式的不同分为_____和_____。
6. 企业在银行开立的结算账户按用途不同分为_____、_____、_____和_____。
7. 目前企业采用的支付结算方式主要有_____、_____、_____、_____、_____、_____和_____。
8. 商业汇票按承兑人的不同分为_____和_____。
9. 商业汇票的付款期最长不能超过_____。
10. 支票按支付票款的方式分为_____、_____和_____。
11. 支票上印有_____字样的支票为现金支票,现金支票只能用于_____。
12. 划线支票只能用于_____,不得_____。

二、判断题

1. 狭义的库存现金是指企业库存的人民币现金,不包括外币现金。（   ）
2. 在任何情况下,企业都不准坐支现金。（   ）
3. 每日终了,企业必须将库存现金日记账的余额与库存现金的实际库存数进行核对,做到账账、账实相符。（   ）
4. 每个企业只能在银行开立一个基本存款账户,企业的工资、奖金等现金的支取只能通过该账户办理。（   ）
5. 同一票据交换区域内外的商品交易、劳务供应均可采用银行本票方式进行结算。（   ）
6. 转账支票可以用来转账,也可以用于支取现金。（   ）
7. 商业承兑汇票的承兑人是购货企业的开户银行。（   ）
8. 银行承兑汇票的付款人一定是购货企业的开户银行。（   ）

9. 普通支票左上角划两条平行线的,只能用来转账,不能提取现金。（　　）
10. 收款单位收到付款单位交来的银行汇票不一定送交银行办理转账结算,可以直接背书转让给另一单位用以购买材料。（　　）
11. 委托收款和托收承付结算方式,都受结算金额起点的限制。（　　）
12. 商业承兑汇票到期日付款人账户存款不足支付时,开户银行应代为付款。（　　）
13. 银行存款余额调节表是企业调整银行存款余额的原始凭证。（　　）
14. 异地间单位和个人的各种款项的结算,均可采用汇兑结算方式。（　　）
15. 收款单位收到的银行本票可以在票据交换区域内背书转让。（　　）
16. 实行定额备用金制度的企业,报销补充备用金时,应贷记"备用金"账户。（　　）
17. 企业的出纳员负责现金的收付,会计人员负责现金日记账的登记。（　　）
18. 单位不得由一人办理有关货币资金收支业务的全过程。（　　）
19. 已登记库存现金总账和日记账的原始凭证应由出纳员负责保管。（　　）
20. 企业的各种款项支付都可以使用现金。（　　）
21. 实行非定额备用金制度的企业,用款单位或个人凭据报销时,应多退少补,一次结清。（　　）
22. 企业的现金收入应及时送存银行,不得直接用于支付各项支出。（　　）
23. 库存现金限额是指为保证各单位日常零星支出的需要,按规定允许留存现金的最低数额。（　　）
24. 企业可以在多家银行的营业机构同时开立基本存款账户。（　　）
25. 空头支票是指单位签发支票的金额超过了银行存款的余额。（　　）

三、单项选择题

1. 银行本票由（　　）签发。
   A. 银行　　　　　　　　　　B. 付款单位
   C. 收款单位　　　　　　　　D. 收款单位或付款单位

2. 企业一般不得从现金收入中直接支付现金,因特殊情况需要坐支现金的,应当事先报经（　　）审查批准。
   A. 上级部门　　　　　　　　B. 工商行政管理部门
   C. 税务部门　　　　　　　　D. 开户银行

3. 按照国家《人民币银行结算账户管理办法》的规定,企业的工资、奖金等现金的支取,只能通过（　　）办理。
   A. 基本存款账户　　　　　　B. 一般存款账户
   C. 临时存款账户　　　　　　D. 专业存款账户

4. 银行汇票付款期限为自出票日起（　　）个月。
   A. 1　　　　　B. 2　　　　　C. 3　　　　　D. 6

5. 银行承兑汇票的承兑人是（　　）。
   A. 购货单位　　　　　　　　B. 购货单位开户银行
   C. 销货单位　　　　　　　　D. 销货单位开户银行

6. 下列支付结算方式中,需签订购销合同才能使用的是（　　）。
   A. 银行汇票　　B. 银行本票　　C. 托收承付　　D. 支票

7. 下列各项中,（　　）不能通过"其他货币资金"账户核算。
   A. 银行汇票存款　　　　　　　　B. 银行本票存款
   C. 备用金　　　　　　　　　　　D. 存出投资款
8. 下列结算方式中,只能用于同一票据交换区域结算的是（　　）结算方式。
   A. 银行汇票　　B. 银行本票　　C. 委托收款　　D. 托收承付
9. 单位信用卡的资金一律从其（　　）转账存入。
   A. 基本存款账户　　　　　　　　B. 一般存款账户
   C. 临时存款账户　　　　　　　　D. 专用存款账户
10. 企业对无法查明原因的现金溢余,经批准后应转入（　　）账户。
    A. "主营业务收入"　　　　　　B. "其他业务收入"
    C. "其他应付款"　　　　　　　D. "营业外收入"
11. 对于银行已入账但企业尚未入账的未达账项,企业应当（　　）。
    A. 根据银行对账单入账
    B. 根据银行存款余额调节表入账
    C. 根据对账单和银行存款余额调节表自制凭证入账
    D. 待有关结算凭证到达后入账
12. 下列票据中须具有真实商品交易关系才可以使用的是（　　）。
    A. 银行本票　　B. 普通支票　　C. 转账支票　　D. 商业汇票
13. 下列结算方式中不受结算金额起点限制的是（　　）。
    A. 转账支票　　B. 银行本票　　C. 银行汇票　　D. 委托收款
14. 企业存放在银行的信用证存款,应通过（　　）账户核算。
    A. "其他货币资金"　　　　　　B. "银行存款"
    C. "在途货币资金"　　　　　　D. "库存现金"
15. 在支票结算中,只能用于支取现金的是（　　）。
    A. 现金支票　　　　　　　　　　B. 转账支票
    C. 商业汇票　　　　　　　　　　D. 划线支票
16. 企业办理日常结算和现金收付的账户是（　　）。
    A. 基本存款账户　　　　　　　　B. 一般存款账户
    C. 专用存款账户　　　　　　　　D. 临时存款账户
17. 企业下列各项经济业务不能用现金结算的是（　　）。
    A. 支付给职工的工资　　　　　　B. 出差人员必须随身携带的差旅费
    C. 向个人收购农产品的支出　　　D. 上交税金
18. 汇款人将款项交存银行,由银行签发给汇款人持往外地办理转账结算或支取现金的票据,称为（　　）。
    A. 银行承兑汇票　　　　　　　　B. 银行汇票
    C. 银行本票　　　　　　　　　　D. 商业承兑汇票
19. 商业汇票的付款期限最长不得超过（　　）个月。
    A. 2　　　　　　B. 3　　　　　　C. 6　　　　　　D. 1
20. 信用卡的单位卡不得用于（　　）元以上的商品交易和劳务供应的款项结算。
    A. 10万　　　　B. 5万　　　　C. 5 000　　　　D. 1 000

21. 一般情况下,托收承付结算方式每笔结算金额起点为( )元。
    A. 10 万　　　　　　　　　　　B. 5 万
    C. 1 万　　　　　　　　　　　　D. 5 000

22. 在库存现金清查时,如实际结存金额为 3 500 元,库存现金日记账的余额为 3 650 元,在原因尚未查明时,应借记( )账户。
    A. "其他应收款"　　　　　　　B. "待处理财产损溢"
    C. "营业外支出"　　　　　　　D. "管理费用"

23. 无法查明原因的现金短缺经批准后,应借记( )账户。
    A. "其他应收款"　　　　　　　B. "待处理财产损溢"
    C. "营业外支出"　　　　　　　D. "管理费用"

四、多项选择题

1. 下列存款中,应在"其他货币资金"账户核算的有( )。
    A. 外埠存款　　　　　　　　　B. 银行汇票存款
    C. 信用卡存款　　　　　　　　D. 商业汇票
    E. 临时存款

2. 一般来说,货币资金的管理和控制应当遵循的原则有( )。
    A. 岗位职责牵制原则　　　　　B. 收支交易分开原则
    C. 内部稽核监督原则　　　　　D. 定期轮换岗位原则
    E. 账实定期核对原则

3. 下列结算方式中,可用于异地结算的有( )。
    A. 银行汇票结算方式　　　　　B. 银行本票结算方式
    C. 汇兑结算方式　　　　　　　D. 委托收款结算方式
    E. 支票结算方式

4. 下列结算方式中,可用于同一票据交换区内结算的有( )。
    A. 支票结算方式　　　　　　　B. 汇兑结算方式
    C. 银行本票结算方式　　　　　D. 委托收款结算方式
    E. 托收承付结算方式

5. 支付结算的纪律为( )。
    A. 不准签发没有资金保证的票据或远期支票,套取银行信用
    B. 不准签发、取得和转让没有真实交易和债权债务的票据,套用银行和他人资金
    C. 不准无理拒绝付款,任意占用他人资金
    D. 不准违反规定开立和使用账户
    E. 根据企业实际需要制定

6. 下列行为中,不符合结算有关规定的有( )。
    A. 用现金支付出差人员的差旅费
    B. 用现金支付向个人采购的农副产品款
    C. 持信用卡在结算单位支取现金
    D. 签发的支票金额超过企业的银行存款余额
    E. 用现金颁发个人获得的科学技术奖

7. 商业汇票的签发人可以是（　　）。
   A. 购货单位
   B. 销货单位
   C. 被背书人
   D. 购货单位开户银行
   E. 以上四者均可

8. 下列项目中,可以通过"其他货币资金"账户核算的有（　　）。
   A. 取得由本企业开户银行签发的银行本票
   B. 取得由本企业开户银行签发的银行汇票
   C. 由本企业签发的普通支票
   D. 取得由购货单位签发并承兑的商业汇票
   E. 在外地开立的临时采购户存款

9. 下列票据中,可以背书转让的有（　　）。
   A. 现金支票
   B. 转账支票
   C. 银行汇票
   D. 商业汇票
   E. 汇兑

10. 下列票据中银行见票即付的有（　　）。
    A. 未超过1个月的银行汇票
    B. 到期的银行承兑汇票
    C. 未超过2个月的银行本票
    D. 到期的商业承兑汇票
    E. 银行转账支票

11. 企业现金出纳人员不得兼任的工作有（　　）。
    A. 稽核
    B. 库存现金保管
    C. 登记现金总账
    D. 登记现金日记账
    E. 往来账

12. 货币资金监督检查的内容有（　　）。
    A. 货币资金业务相关岗位及人员的设置情况
    B. 票据的保管情况
    C. 货币资金授权批准制度的执行情况
    D. 备用金的使用情况
    E. 支付款项印章的保管情况

13. 下列经济业务中能用现金支付的有（　　）。
    A. 支付职工奖金65 000元
    B. 出差人员预借差旅费1 200元
    C. 购买办公用品小额零星支出
    D. 购买机器的价款56 000元
    E. 支付外地材料采购款

14. 下列各项属于现金管理内容的有（　　）。
    A. 核定现金库存限额
    B. 规定现金使用范围
    C. 可以携带现金到外地采购
    D. 现金结算企业可酌情选用
    E. 不准坐支现金

15. 关于支票结算方式,表述正确的有（　　）。
    A. 支票上印有"现金"字样的为现金支票

B. 现金支票只能提取现金
C. 支票上印有"转账"字样的为普通支票
D. 转账支票可以提取现金
E. 以上四种说法都对

16. 银行存款日记账余额与银行对账单余额不一致时,原因可能有（　　）。
A. 银行会计人员记账有误
B. 企业会计人员记账有误
C. 销售产品,银行已记账但收款企业尚未记账
D. 企业开出转账支票已记账,但持票人尚未到银行办理转账
E. 企业与银行都未记账

五、名词解释

1. 货币资金
2. 其他货币资金
3. 库存现金限额
4. 坐支
5. 备用金
6. 银行汇票
7. 银行本票
8. 商业汇票
9. 未达账项
10. 外埠存款

六、思考题

1. 货币资金的内部控制原则是什么？
2. 货币资金内部控制的具体规定有哪些？
3. 库存现金管理的主要内容有哪些？
4. 如何进行库存现金、银行存款收付业务的核算？
5. 如何登记库存现金日记账和银行存款日记账？
6. 简述支付结算方式的种类及各种方式的主要内容。
7. 如何进行银行存款的清查核对？
8. 如何编制银行存款余额调节表？
9. 什么是未达账项？未达账项包括哪几种类型？
10. 其他货币资金包括哪些内容？应如何核算？

七、实务操作题

实务操作(2-1)

(一) 目的:练习库存现金和银行存款的核算。

(二) 资料:某企业某月份发生下列经济业务:

1. 开出现金支票一张,向银行提取现金1 600元。
2. 行政管理部门职工刘江出差,借支差旅费1 500元,以现金支付。
3. 收到乙单位交来的转账支票一张,金额为54 000元,用以归还上月所欠货款,支票已送存银行。

4. 从乙企业采购 A 材料，收到的增值税专用发票上标明：价款为 100 000 元，增值税税额为 13 000 元，经认证准予抵扣，共计 113 000 元。企业采用汇兑结算方式将款项 113 000 元付给乙企业，该材料已验收入库。

5. 开出转账支票一张，归还前欠丙单位货款 20 000 元。

6. 向丁单位销售产品一批，价款为 50 000 元，增值税税额为 6 500 元，已向银行办妥委托收款手续。

7. 职工刘江出差回来报销差旅费，原借支 1 500 元，实际报销 1 650 元，差额 150 元用现金补付。

8. 将现金 18 000 元送存银行。

9. 收到银行转来的收款通知，丁单位前欠货款及增值税共计 56 500 元已收妥。

10. 从百货公司购买办公用品 2 000 元，开出转账支票支付款项。

11. 从乙企业采购 B 材料一批，价款为 80 000 元，增值税税额为 10 400 元，经认证准予抵扣，双方约定采用托收承付结算方式，验单付款。现企业收到银行转来的托收承付结算凭证和所附单据，经审核无误，在 3 天期满时承付，但材料尚未收到。

12. 向丁单位销售产品一批，增值税专用发票上标明：价款为 125 000 元，增值税税额为 16 250 元，共计 141 250 元。现收到对方开出的金额 141 250 元、2 个月期的商业承兑汇票一张。

13. 在现金清查中，发现现金短缺 200 元，原因待查。

14. 上述现金短款原因已查明，系出纳员工作失职造成，当即交回现金 200 元，作为赔偿。

15. 企业的行政管理部门实行定额备用金制度，财会部门核定的定额为 3 500 元，开出现金支票拨付。

16. 行政管理部门用定额备用金购买办公用品 2 100 元，凭据报销。

(三) 要求：根据以上经济业务，编制会计分录。

实务操作(2-2)

(一) 目的：练习银行存款余额调节表的编制。

(二) 资料：某企业 20××年 6 月 30 日银行存款日记账账面余额为 226 600 元，银行对账单余额为 269 700 元。经核对，存在下列未达账项：

1. 6 月 29 日，企业销售产品，收到转账支票一张，金额为 23 000 元，银行尚未入账。

2. 6 月 29 日，企业开出转账支票一张，支付购买材料款 58 500 元，持票单位尚未向银行办理结算手续。

3. 6 月 30 日，银行代收到销货款 24 600 元，企业尚未收到收款通知。

4. 6 月 30 日，银行代付出电费 17 000 元，企业尚未收到付款通知。

(三) 要求：根据上述资料，编制银行存款余额调节表。

实务操作(2-3)

(一) 目的：练习其他货币资金的核算。

(二) 资料：大华工厂发生如下经济业务：

1. 委托银行开出银行汇票 50 000 元，有关手续已办妥，采购员李强持票到外地 A 市采购材料。

2. 派采购员张山到外地B市采购材料,委托银行汇款100 000元,到B市开立采购专户。

3. 李强在A市采购材料,取得的增值税专用发票上标明:材料价款为45 000元,增值税税额为5 850元,经认证准予抵扣,共计50 850元,材料已验收入库。用银行汇票支付50 000元,差额850元采用汇兑结算方式补付。

4. 张山在B市的采购结束,增值税专用发票上标明:材料价款为80 000元,增值税税额为10 400元,经认证准予抵扣,款项共计90 400元,材料已验收入库。同时接到银行多余款收账通知,退回余款9 600元。

5. 委托银行开出银行本票一张,票面金额为20 000元,有关手续已办妥。

6. 购买办公用品2 300元,用信用卡付款。收到银行转来的信用卡存款的付款凭证及所付账单,经审核无误。

(三) 要求:根据以上经济业务,编制会计分录。

第三章 应收和预付款项

学 习 指 导

一、主要参考法规索引

1.《企业内部控制应用指引第 6 号——资金活动》(2010 年 4 月 15 日财政部发布,自 2011 年 1 月 1 日起首先在境内外同时上市的公司施行)。

2.《企业会计制度》(2000 年 12 月 29 日财政部发布,自 2001 年 1 月 1 日起施行)。

3.《支付结算办法》(1997 年 9 月 19 日中国人民银行颁布,自 1997 年 12 月 1 日起施行)。

4.《中华人民共和国票据法》(2004 年 8 月 28 日全国人民代表大会常务委员会公布,自公布之日起施行)。

5.《中华人民共和国增值税暂行条例》(2008 年 11 月 10 日国务院颁布,自 2009 年 1 月 1 日起施行;2017 年 11 月 19 日进行第二次修订;2018 年 4 月 4 日和 2019 年 3 月 20 日两次对部分税率进行了降低调整)。

二、学习要点

1. 应收票据的概念与分类。
2. 应收票据的期限与计价。
3. 带息与不带息应收票据的核算。
4. 应收票据转让与贴现的核算。
5. 应收账款的确认与计价。
6. 应收账款与合同资产业务的核算。
7. 预付账款的概念与核算。
8. 其他应收款项的核算。
9. 应收款项减值损失的确认。
10. 坏账损失核算的方法及具体运用。

三、重点、难点问题

1. 应收票据期限与带息票据的核算。
2. 应收票据转让与贴现的核算。
3. 现金折扣业务的核算。
4. 应收款项减值损失的确认。
5. 坏账损失核算的备抵法。

习题与实训

一、填空题

1. 商业汇票按承兑人的不同分为_____和_____，按是否带息分为_____和_____。
2. 应收票据的期限有按_____表示和按_____表示两种。
3. 不带息票据到期日收回票款时，应按实际收到的金额，借记_____账户，按应收票据的账面余额，贷记_____账户。
4. 如果是商业承兑汇票，票据到期时如付款人违约拒付或无力支付票款，应按应收票据的账面余额转入_____账户。
5. 在存在商业折扣的情况下，销售方应收账款的入账金额，应按_____确认。
6. 在存在现金折扣的情况下，应收账款入账金额的确认有_____和_____两种方法，我国现行《企业会计制度》规定应收账款采用_____入账。
7. 预付账款业务不多的企业，也可以不单设"预付账款"账户，将企业预付的款项并入_____账户核算。
8. 企业的应收款项可能会因债务人破产、死亡、拒付等原因而无法收回，这类无法收回的应收款项就是_____，由于发生坏账而造成的损失称为_____。
9. 坏账的核算方法一般有_____和_____两种。我国现行企业会计准则规定，对于确认的坏账损失，企业应采用_____进行会计核算。
10. 在会计实务中，企业按期估计坏账损失的方法主要有_____、_____、_____和_____四种。

二、判断题

1. 企业按年末应收款项余额的一定比例计算的坏账准备金，应等于年末结账后"坏账准备"账户的余额。（　　）
2. 在存在现金折扣的情况下，若采用总价法核算，应收账款应按销售收入扣除预计的现金折扣后的金额确认。（　　）
3. 到期不能收回的带息应收票据，转入"应收账款"账户核算后，期末不再计提利息，其所包含的利息，在有关备查簿中进行登记。（　　）
4. 企业将持有的应收票据背书转让用以购买所需物资时，应将"应收票据"账户的余额转入"应付票据"账户。（　　）
5. 企业当期按应收款项计算的应提坏账准备金额，为当期实际提取的坏账准备金额。（　　）

6. 商业承兑汇票的出票人可以是该商业汇票的承兑人,也可以是收款人,但必须由付款人承兑。( )

7. 银行承兑汇票只能由在承兑银行开立存款账户的存款人签发。( )

8. 企业的应收票据无论是带息票据,还是不带息票据,在年末资产负债表中均应以"应收票据"账户的期末余额反映。( )

9. 商业汇票可以背书转让,被背书人应对票据的到期付款负连带责任。( )

10. 应收票据的利息收入,一般在实际收款时确认;但是,金额较大的,应按权责发生制原则在票据到期前的各期期末确认。( )

11. 企业在销售商品的过程中,代购货单位垫付的包装费、运杂费不得记入"应收账款"账户,而应记入"其他应收款"账户。( )

12. 按照《企业会计制度》的规定,企业实际发生的现金折扣,应直接冲减发生当期的销售收入。( )

13. 预付账款不多的企业,也可以将预付的货款记入"应付账款"账户的借方。在编制资产负债表时,将抵销了预付账款后的"应付账款"账户的贷方余额记入"应付账款"项目。( )

14. 企业将不带息应收票据背书转让时,应按应收票据的票面金额结转应收票据。( )

15. 企业计提坏账准备的方法由企业自行确定。但是坏账准备计提方法一经确定,不得随意变更。如需变更,应在会计报表附注中予以说明。( )

三、单项选择题

1. 期末,企业对带息应收票据计提利息时,正确的会计处理是( )。
   A. 借记"应收利息"账户,贷记"利息收入"账户
   B. 借记"应收票据"账户,贷记"财务费用"账户
   C. 借记"应收票据"账户,贷记"其他业务收入"账户
   D. 借记"应收利息"账户,贷记"其他业务收入"账户

2. 某企业20××年5月10日签发一张期限为3个月的商业承兑汇票,其到期日为( )。
   A. 8月8日　　B. 8月9日　　C. 8月10日　　D. 8月11日

3. 某企业20××年7月1日签发一张期限为90天的商业承兑汇票,其到期日为( )。
   A. 9月28日
   B. 9月29日
   C. 9月30日
   D. 10月1日

4. 一张期限为90天的票据,本金为50 000元,年利率为10%,其到期利息为( )元。
   A. 3 500　　B. 1 250　　C. 2 500　　D. 1 500

5. 票据出票日为2018年1月31日,1个月到期,则票据到期日为该年的( )。
   A. 3月1日　　B. 2月28日　　C. 2月29日　　D. 3月2日

6. 不带息票据的到期价值应等于( )。
   A. 票面价值
   B. 票面价值+利息
   C. 贴现值
   D. 贴现值+利息

7. 甲公司于20××年11月1日向乙公司销售产品一批,增值税专用发票上标明的售价总额为200 000元,增值税税额为26 000元。乙公司于当日向甲公司开出期限为3个

月、票面利率为6%的商业承兑汇票一张。20××年12月31日,公司"应收票据"的账面余额为(　　)元。

　　A. 200 000　　　　B. 202 000　　　　C. 228 260　　　　D. 234 000

8. 以下各项中,不包括在应收账款中的款项为(　　)。

　　A. 购货的预付订金

　　B. 销货应收款

　　C. 票据到期时付款人无力偿还的应收票据面值

　　D. 未能如期收到的销售应收款

9. 甲企业于20××年4月1日销售一批商品给乙企业,应收账款为100 000元(假定不考虑增值税),规定的付款条件为2/10,1/20,n/30;乙企业于同年4月18日付款,乙企业实际享受的现金折扣为(　　)元。

　　A. 1 000　　　　B. 2 000　　　　C. 5 000　　　　D. 20 000

10. 某企业销售产品一批,价目表标明售价(不含税)为20 000元,商业折扣条件为10%,现金折扣条件为5/10,3/20,n/30。客户于第15天付款。增值税税率为13%。应收账款的入账金额为(　　)元。

　　A. 20 340　　　　B. 23 400　　　　C. 20 428　　　　D. 18 000

11. 甲公司向乙企业销售商品一批,该批商品按价目表上标明的售价为50 000元。为了促销,甲公司给予乙企业10%的商业折扣,同时,还规定了2/10,1/20,n/30的付款条件。本题不考虑增值税,甲公司该项应收账款的入账价值为(　　)元。

　　A. 44 000　　　　B. 44 500　　　　C. 45 000　　　　D. 50 000

12. 企业发生下列各项交易或事项,不得通过"其他应收款"账户核算的是(　　)。

　　A. 备用金　　　　　　　　　　B. 存出的保证金

　　C. 应收的各种罚款　　　　　　D. 拨出用于投资的款项

13. 下列业务内容应在"其他应收款"账户中核算的是(　　)。

　　A. 预付给职工个人的备用款项　　B. 预付给某公司的材料采购订金

　　C. 应收回的产品销货款　　　　　D. 为购货单位垫付的运费

14. 其他应收款是指企业的(　　)。

　　A. 应收票据　　　　　　　　　B. 应收账款

　　C. 预付账款　　　　　　　　　D. 应收、暂付其他单位和个人的各种款项

15.《企业会计制度》规定,企业对应收账款计提的坏账准备应计入当期损益,并通过(　　)账户进行核算。

　　A. "信用减值损失"　　　　　　B. "销售费用"

　　C. "财务费用"　　　　　　　　D. "主营业务成本"

16. 在期末结账前,"坏账准备"账户如果有借方余额,反映的内容是(　　)。

　　A. 提取的坏账准备

　　B. 已经发生的坏账损失

　　C. 收回以前已经确认并转销的坏账损失

　　D. 已确认的坏账损失超出坏账准备的余额

17. 某企业20××年年末应收账款余额为2 000 000元;第二年确认坏账损失30 000元,年末应收账款余额为4 000 000元;第三年收回已转销的坏账20 000元,年末应收账款余额为

3 500 000 元。坏账准备提取比例为 5‰。该企业 3 年内计提坏账准备应记入"信用减值损失"账户的金额累计为(　　)元。

  A. 47 500   B. 22 500   C. 27 500   D. 40 000

18. 某企业 20××年年初应收账款账面余额为 200 000 元,年末应收账款账面余额为 300 000 元。该企业按应收账款期末余额的 15%计提坏账准备。该企业年末应收账款的账面价值为(　　)元。

  A. 100 000   B. 255 000   C. 300 000   D. 500 000

19. 某企业 20××年年末应收账款余额为 500 万元;第二年年末确认坏账损失 5 万元,年末应收账款余额为 400 万元;第三年收回已转销的坏账 3 万元,年末应收账款余额为 450 万元。坏账准备提取比率为 5%。该企业 3 年内计提的坏账准备应记入"信用减值损失"账户的余额累计为(　　)万元。

  A. 67.5   B. 25.5   C. 24.5   D. 25

20. 企业采用备抵法核算时,下列各项目中不能提取坏账准备的是(　　)。

  A. 预付货款   B. 存出保证金
  C. 代购货单位垫支的运杂费   D. 货币资金

四、多项选择题

1. 我国的应收票据包括(　　)。

  A. 银行本票   B. 委托收款凭证
  C. 商业承兑汇票   D. 银行承兑汇票
  E. 银行汇票

2. 坏账是指企业无法收回的(　　)等。

  A. 库存现金   B. 应收账款   C. 其他应收款   D. 银行存款
  E. 对外投资

3. 下列有关坏账的确认中,说法正确的有(　　)。

  A. 因债务人破产,经法律清偿后,确实无法收回的应收账款
  B. 债务人死亡,无遗产可清偿的应收账款
  C. 债务人逾期 3 年不能履行义务,经主管部门审核后可列为坏账的应收账款
  D. 债务人死亡,无义务承担人的应收账款
  E. 债务人逾期 1 年不能履行义务,经主管部门审核后可列为坏账的应收账款

4. 下列款项中,应计提坏账准备的有(　　)。

  A. 应付票据   B. 应收账款   C. 预付账款   D. 其他应收款
  E. 预收账款

5. 处理坏账损失的方法有(　　)。

  A. 备抵法   B. 盘存法   C. 加权平均法   D. 直接转销法
  E. 直线法

6. 其他应收款核算的内容包括(　　)。

  A. 一次性备用金   B. 应收的各种罚款
  C. 预付的货款   D. 存出的保证金
  E. 为职工暂垫的房租、水电费

7. 在现金折扣条件下，应收账款的计价方法有（　　　　）。
   A. 总价法　　　　　B. 后进先出法　　　C. 加权平均法　　　D. 净价法
   E. 先进先出法
8. 进行预付款核算时，可以运用的账户有（　　　　）。
   A. "应收账款"　　　　　　　　　　　B. "应付账款"
   C. "预付账款"　　　　　　　　　　　D. "其他应收款"
   E. "其他应付款"
9. 坏账准备金制度符合会计核算的（　　　　）。
   A. 权责发生制　　　　　　　　　　　B. 原始成本计价
   C. 可比性要求　　　　　　　　　　　D. 谨慎性要求
   E. 明晰性要求
10. "坏账准备"账户的贷方反映（　　　　）。
    A. 已发生的坏账损失
    B. 提取的坏账准备
    C. 收回以前已确认并转销的坏账损失
    D. 发生坏账冲销的坏账准备
    E. 冲回多提的坏账准备
11. 坏账核算的直接转销法的缺点是（　　　　）。
    A. 不符合配比要求　　　　　　　　　B. 虚增利润
    C. 资产负债表上资产不实　　　　　　D. 核算金额不准确
    E. 直接冲减应收账款的金额
12. 按现行会计制度，可以作为应收账款入账金额的项目是（　　　　）。
    A. 销项税额　　　　　　　　　　　　B. 商业折扣
    C. 现金折扣　　　　　　　　　　　　D. 应收包装物租金
    E. 代购货单位垫支运杂费

五、名词解释

1. 应收票据　　　　　　　　　　　　2. 商业汇票
3. 商业承兑汇票　　　　　　　　　　4. 银行承兑汇票
5. 商业折扣　　　　　　　　　　　　6. 现金折扣
7. 其他应收款　　　　　　　　　　　8. 预付账款
9. 坏账　　　　　　　　　　　　　　10. 坏账损失
11. 备抵法　　　　　　　　　　　　 12. 应收款项余额百分比法
13. 账龄分析法　　　　　　　　　　 14. 销货百分比法

六、思考题

1. 什么是应收票据？它在什么情况下使用？
2. 应收票据的利息如何计算？怎样进行应收票据利息的账务处理？
3. 不带息应收票据和带息应收票据贴现的核算有什么不同？
4. 什么是应收账款？它在什么情况下使用？如何进行应收账款的核算？

5. 什么是坏账损失？如何确定坏账损失？
6. 收集资料，对上市公司提取坏账准备方面的案例进行汇总、分析，揭示其对公司财务状况和经营成果的影响。
7. 什么是其他应收款？它包括哪些主要内容？举例说明其他应收款的核算。
8. 什么是预付账款？如何进行预付账款的核算？
9. 如何核算应收股利和应收利息？
10. 应收票据、应收账款、其他应收款和预付账款在核算内容上有何区别？

七、实务操作题

实务操作(3-1)

（一）目的：练习商业汇票到期日、应收利息及票据天数的计算。

（二）资料：
1. 一张商业汇票，6月8日出票，9月6日到期，计算票据天数。
2. 一张商业汇票，2017年2月1日出票，期限为100天，计算票据到期日。
3. 假如第2题中的年份为2018年，何日到期？2020年呢？
4. 一张商业汇票，面值为10 000元，年利率为4%，期限为60天。计算应收利息。
5. 一张商业汇票，面值为8 000元，月利率为3.9‰，期限为150天。计算应收利息。
6. 一张商业汇票，面值为10 000元，月利率为3.5‰，3月5日出票，8月10日到期。计算票据天数、应收利息。

（三）要求：根据上述资料分别计算有关的票据天数、到期日与应收利息。

实务操作(3-2)

（一）目的：练习应收票据的核算。

（二）资料：

资料一：甲企业发生下列经济业务
1. 销售一批商品给乙企业，销售收入为80 000元，增值税税额为10 400元，商品已经发出。乙企业交来一张期限为6个月的无息商业承兑汇票。
2. 上述票据到期收回。
3. 销售一批商品给丙企业，销售收入为50 000元，增值税税额为6 500元，商品已经发出。丙企业交来一张期限为4个月的商业承兑汇票。
4. 票据到期，由于承兑人银行存款账户不足支付，银行将票据退回丙企业。

资料二：丁企业发生下列经济业务

20××年10月1日，销售一批产品给A企业，货已发出，增值税专用发票上标明：销售价款为200 000元，增值税销项税额为26 000元，以银行存款垫付运杂费用1 000元。当日收到A企业签发的商业承兑汇票一张，期限为6个月，票面利率为6%，假定丁企业20××年末计算应收票据利息。

资料三：

20××年4月1日，甲公司销售一批商品给乙公司，开出的增值税专用发票上标明：销售价款为40万元，增值税销项税额为5.2万元，乙公司签发并承兑了一张商业汇票，票面值为

45.2万元,期限为6个月。20××年6月1日,甲公司因急需流动资金,经与银行协商,将此票据贴现给银行,银行支付42万元的贴现款。

(三)要求:根据上述资料,编制甲企业有关业务的会计分录。

实务操作(3-3)

(一)目的:练习应收账款与合同资产的核算。

(二)资料:某企业发生下列经济业务:

1. 向甲企业销售商品一批,售价为80 000元,增值税税率为13%,商业折扣为10%,货款尚未收到。

2. 向乙企业赊销一批商品,售价为500 000元,增值税税率为13%,付款条件是"2/10、n/30"(不含税折扣)。采用总价法进行会计核算。对下列情况进行账务处理:①赊销;②10日内收款;③第25日收款。

3. 向丙企业赊销商品一批,该商品报价为100 000元,商业折扣为5%,付款条件是"3/10、2/20、n/30"(不含税折扣)。采用总价法进行会计核算。对下列情况进行账务处理:①赊销;②10日内收款;③第18日收款;④第22日收款。

4. 甲公司某年3月10日与客户签订合同,销售A、B两种产品。A产品售价50 000元,成本36 000元;B产品售价40 000元,成本28 000元。合同约定签订合同后交付A产品,B产品在3个月后交付,两种产品全部交付后一并结算产品价款。甲公司适用的增值税税率为13%,在交付产品确认收入时发生纳税义务,并同时收取增值税。

(三)要求:根据上述经济业务,编制有关会计分录。

实务操作(3-4)

(一)目的:练习预付账款和其他应收款的核算。

(二)资料:某企业为一般纳税人,20××年10月发生下列经济业务:

1. 为购进P材料预付给甲企业100 000元,签发转账支票支付。

2. 从甲企业购进P材料1 000千克,单价为80元,计80 000元,增值税税额为10 400元,经认证准予抵扣。货款以预付账款结算。多余款收回存入银行。

3. 乙企业发来Q材料,共计进价为100 000元,增值税税额为13 000元,经认证准予抵扣。上月预付乙企业80 000元,差额填制信汇凭证结清。

4. 经理王平出差,预借差旅费2 000元,以现金支付。

5. 财会人员李青出差归来,报销差旅费1 200元,余额300元交回现金。

6. 签发转账支票支付水电费5 000元,其中,车间耗用4 500元,行政部门耗用480元,为青年职工王娟垫付20元。

7. 上月末财产清查中发现的原材料短少500元,已列入"待处理财产损溢——待处理流动资产损溢"账户。经查,属保管员朱彬的责任,责令其赔偿,赔款尚未收到。

8. 发放本月工资32 000元,扣除上述第6、第7项业务垫款、赔款后,其余以现金发放完毕。

9. 购入P材料10 000元,增值税税额为1 300元,经认证准予抵扣,随货借入丙单位包装物一批,押金为200元,均以转账支票支付。

10. P材料入库,包装物退回,收回押金。

11. 为业务部门核定备用金 1 000 元,支付现金,不设"备用金"账户核算。
12. 业务部门交来办公用品发票,共计 550 元,以现金补足其备用金。
(三) 要求:根据上述经济业务,编制会计分录。

实务操作(3-5)

(一) 目的:练习坏账准备的核算。
(二) 资料:
1. A 企业每年年末按照应收款项余额的 3‰ 提取坏账准备(暂且只考虑应收账款)。
(1) 该企业第一年年末的应收账款余额为 1 000 000 元;
(2) 第二年发生坏账 60 000 元,其中,甲单位 10 000 元,乙单位 50 000 元。年末应收账款余额为 1 200 000 元。
(3) 第三年已冲销的上年乙单位的应收账款 50 000 元又收回,期末应收账款余额为 1 300 000 元。

2. B 企业采用应收款项余额百分比法计提坏账准备,提取比例为 2‰。20××年1月1日,"应收账款"账户的余额为 1 970 000 元,"其他应收款"账户的余额为 30 000 元,"坏账准备"账户的贷方余额为 40 000 元。B 企业 20××年发生与应收账款和其他应收款有关的业务如下:
(1) 一张面值为 600 000 元的不带息应收票据到期不能收回。
(2) 因供货单位破产清算,已预付的 200 000 元货款暂时无法收回,转作其他应收款。
(3) 经厂长办公会议机构批准,当年核销坏账 50 000 元。
(4) 年末计提坏账准备。

3. C 公司从 20××年开始采用应收款项余额百分比法核算坏账损失,坏账准备的提取比例为 5‰,有关资料如下:
(1) 20××年年末应收账款余额为 200 000 元。
(2) 第二年和第三年年末应收账款余额分别为 300 000 元和 320 000 元,第二年和第三年均未发生坏账损失。
(3) 第四年 1 月,经董事会批准核销一笔坏账损失,金额为 36 000 元。
(4) 第四年 12 月,上述已核销的坏账又收回 10 000 元。
(5) 第四年年末应收账款余额为 260 000 元。

4. D 企业采用应收款项余额百分比法计提坏账准备,提取比例为 1‰。
(1) 20××年 12 月 31 日,"应收账款"账户借方余额为 1 000 000 元,"坏账准备"账户贷方余额为 7 000 元。
(2) 第二年 3 月 6 日,应收乙企业的货款 5 000 元确认为坏账。
(3) 第二年 12 月 31 日,"应收账款"账户的借方余额为 400 000 元。
(4) 第三年 6 月 8 日,上年已注销的坏账又收回。
(5) 第三年 8 月 10 日,应收乙企业的货款 10 000 元确认为坏账。
(6) 第三年 12 月 31 日,"应收账款"账户的借方余额为 800 000 元。
(7) 第四年 7 月 15 日,应收丙单位的货款 3 000 元确认为坏账。
(8) 第四年 12 月 31 日,"应收账款"账户的借方余额为 500 000 元。
(三) 要求:根据上述经济业务,编制会计分录。

第四章 存 货

学 习 指 导

一、主要参考法规索引

1.《企业会计准则第1号——存货》(2006年2月15日财政部发布,自2007年1月1日起施行)。

2.《企业会计准则第1号——存货》(应用指南)。

3.《中华人民共和国增值税暂行条例》(2008年11月10日国务院颁布,自2009年1月1日起施行;2017年11月19日进行第二次修订;2018年4月4日和2019年3月20日两次对部分税率进行了降低调整)。

4.《企业内部控制应用指引第7号——采购业务》(2010年4月15日财政部发布,自2011年1月1日起首先在境内外同时上市的公司施行)。

二、学习要点

1. 存货的分类与范围。
2. 各种来源存货的实际成本构成。
3. 发出存货各种计价方法的具体应用。
4. 成本与可变现净值的含义及应用。
5. 材料按实际成本的核算。
6. 材料按计划成本的核算。
7. 商品存货的核算方法。
8. 低值易耗品的范围及核算方法。
9. 包装物的范围及核算方法。
10. 存货清查的方法及盘盈盘亏的核算。

三、重点、难点问题

1. 存货的确认与取得的计价。

2. 发出存货计价的方法。
3. 期末存货计价的成本与可变现净值孰低法。
4. 材料按实际成本核算的方法。
5. 材料按计划成本核算的方法。
6. 商品存货的数量进价金额法与售价金额法。
7. 低值易耗品核算的五五摊销法。
8. 包装物出租出借的核算。

习 题 与 实 训

一、填空题

1. 存货按存放地点可以分为＿＿＿＿、＿＿＿＿、＿＿＿＿、＿＿＿＿和＿＿＿＿五类。
2. 存货应当按照＿＿＿＿进行初始计量。存货的成本包括＿＿＿＿、＿＿＿＿和＿＿＿＿。
3. 存货发出的计价方法有＿＿＿＿、＿＿＿＿、＿＿＿＿、＿＿＿＿和＿＿＿＿。
4. 材料成本差异率＝＿＿＿＿×100%。
5. 成本与可变现净值孰低中的"成本"是指存货的＿＿＿＿。
6. 成本与可变现净值比较的基本方法有＿＿＿＿、＿＿＿＿、＿＿＿＿。
7. 凡是运输途中的合理损耗,应当计入验收入库材料的＿＿＿＿,提高材料的＿＿＿＿,不再另外作账务处理。
8. 低值易耗品的摊销方法有＿＿＿＿和＿＿＿＿。
9. 委托加工物资的实际成本包括＿＿＿＿、＿＿＿＿、＿＿＿＿、＿＿＿＿。
10. 商品流通企业采用售价金额核算时,"库存商品"账户的收、发、存均按＿＿＿＿反映,所以,还要设置＿＿＿＿账户。
11. 商品进销差价率＝＿＿＿＿×100%。
12. 企业对存货清查时,属于定额内损耗、计量收发差错以及管理不善造成的存货短缺或毁损,其净损失应记入＿＿＿＿账户;属于自然灾害或意外事故造成的存货毁损,其净损失应记入＿＿＿＿账户。
13. 企业存货按计划成本核算时,发出材料应分摊的成本差异,如为超支,记入"材料成本差异"账户的＿＿＿＿;如为节约,记入＿＿＿＿账户。
14. "材料采购"账户的借方余额反映企业已经支付货款,但运入在途或尚未验收入库的＿＿＿＿。
15. 结转入库材料的节约差异,应记入"材料成本差异"账户的＿＿＿＿方。

二、判断题

1. 从存货的所有权来看,代销商品在出售以前,应作为委托方的存货处理;但是为了加强受托方对商品的核算和管理,受托方应将受托代销商品作为本企业的存货进行管理。（　）
2. 凡在盘存日期,法定产权属于企业的一切为销售或耗用而储存的资产,不管其存放地点如何,都作为企业的存货。（　）

3. 企业展出或委托代销的商品,均不属于企业的存货。（　　）
4. 购入材料,在运输途中发生的合理损耗不需要单独进行账务处理。（　　）
5. 存货计价方法的选择,只会影响资产负债表中资产总额的多少,不会影响利润表中的净利润。（　　）
6. 在物价上升的情况下,采用先进先出法确定的期末存货成本比较接近当前的成本水平。（　　）
7. 存货的成本与可变现净值孰低法,从存货的整个周转过程看,只起着调节不同会计期间利润的作用,并不影响利润总额的多少。（　　）
8. 企业材料采用计划成本法进行核算时,月末发出材料应分摊的成本差异,无论是超支差异还是节约差异,均应记入"材料成本差异"账户的贷方。（　　）
9. 采购材料在运输途中发生的一切损耗,均应计入购进材料的采购成本。（　　）
10. 成本与可变现净值孰低法中的"成本",是指存货的历史成本;"可变现净值"是指存货的现行售价。（　　）
11. 如果期末存货的可变现净值低于成本,则"存货跌价准备"账户表现为贷方余额;反之,则表现为借方余额。（　　）
12. 一般纳税企业购进生产用原材料时,支付的外地运费和相关的增值税税额应全部计入购进材料的采购成本。（　　）
13. 属于非常损失造成的存货毁损,应按该存货的净损失计入营业外支出。（　　）
14. 成本与可变现净值孰低法的理论基础是使存货更符合资产的定义。（　　）
15. 采用毛利率法对发出的存货和期末结存存货进行计价时,应在每季度最后一个月用其他计价方法进行调整。（　　）
16. 出借或出租包装物的摊销价值应作为销售费用处理。（　　）
17. 随同商品出售、不单独计价包装物的成本,直接计入产品成本。（　　）
18. 采用加权平均法对存货计价,当物价上升时,加权平均成本会小于现行成本;当物价下降时,加权平均成本将会大于现行成本。（　　）
19. 委托加工存货收回后用于直接销售的,由受托方代扣代交的消费税计入委托加工存货的成本。（　　）
20. 企业采购材料,在折扣期内取得的现金折扣,应冲减材料的采购成本。（　　）

三、单项选择题

1. 下列各项目中,不属于存货范围的是（　　）。
   A. 委托外单位加工的材料
   B. 已付货款正在运输途中的外购材料
   C. 受托代销的商品
   D. 已开出发票售出但购货方尚未运走的商品
2. 盘盈存货入账价值的基础应采用（　　）。
   A. 重置成本　　　B. 历史成本　　　C. 可变现净值　　　D. 计划成本
3. 材料采购途中的合理损耗应（　　）。
   A. 由供应单位赔偿　　　　　　　B. 计入材料采购成本
   C. 由保险公司赔偿　　　　　　　D. 计入管理费用

4. 在物价上升的情况下,采用(　　)计价可使期末库存材料的价值最接近现行市场价格。
   A. 先进先出法　　B. 实际成本法　　C. 加权平均法　　D. 个别计价法

5. 原材料按计划成本核算时,在途材料在(　　)账户中反映。
   A. "原材料"　　B. "材料采购"　　C. "在途物资"　　D. "生产成本"

6. 企业发生原材料盘亏或毁损时,不应作为管理费用列支的有(　　)。
   A. 自然灾害造成的毁损净损失　　B. 保管中发生的定额内自然损耗
   C. 收发计量发生的盘亏损失　　D. 管理不善造成的盘亏损失

7. 某企业为增值税一般纳税人,某月份购入甲材料5 000千克,收到的增值税专用发票上标明:售价为每千克1 200元,增值税税额为780 000元。另发生运输费用为60 000元,增值税税额5 400元,装卸费为20 000元,途中保险费为18 000元。原材料运抵企业后,验收入库材料4 996千克,运输途中发生合理损耗4千克。该原材料的入账价值为(　　)元。
   A. 6 078 000　　B. 6 091 400　　C. 6 098 000　　D. 6 089 000

8. 某企业为一般纳税人,原材料采用计划成本核算,乙材料计划成本每千克为20元。本期购进乙材料6 000千克,收到的增值税专用发票上标明,价款总额为102 000元,增值税税额为13 260元,另发生运杂费为1 400元,途中保险费为359元。原材料运抵企业后验收入库5 995千克,运输途中合理损耗5千克。购进乙材料发生的成本差异为(　　)元。
   A. −1 099　　B. −16 241　　C. −1 199　　D. −16 141

9. 下列存货发出计价的各种方法中,存货的成本流转与实物流转完全一致,最能准确地反映销售成本和期末存货成本的是(　　)。
   A. 先进先出法　　B. 实际成本法　　C. 加权平均法　　D. 个别计价法

10. 存货期末计价采用成本与可变现净值孰低法,体现的会计核算信息质量要求是(　　)。
    A. 谨慎性　　B. 重要性　　C. 可比性　　D. 客观性

11. 在物价上涨情况下,采用(　　)计价方法会使当期净利润最大。
    A. 先进先出法　　B. 计划成本法
    C. 加权平均法　　D. 移动平均法

12. 企业外购材料验收入库时,发现的短缺或毁损如果属于途中合理损耗,应(　　)。
    A. 拒付货款
    B. 列入营业外支出
    C. 向供货单位索赔
    D. 相应提高入库材料的实际单位成本,不另作账务处理

13. 某企业采用毛利率法计算发出存货的成本,20××年1月份实际毛利率为30%,2月初的存货成本为160 000元,2月份购入存货成本为620 000元,销售收入为950 000元。该企业2月份的期末存货成本为(　　)元。
    A. 665 000　　B. 495 000　　C. 285 000　　D. 115 000

14. 某商品流通企业期初库存商品成本为30万元,售价总额为43万元;当期购入商品的实际成本为67.5万元,售价总额为107万元;当期销售收入为110万元,在采用零售价法的情况下,该企业期末库存商品成本为(　　)万元。
    A. 71.5　　B. 40　　C. 12.5　　D. 26

15. 某企业为一般纳税人,从外地购入原材料一批,取得的增值税专用发票上标明:材料价格为10 000元,增值税税额为1 300元,另支付运费800元,增值税税额为72元,支付装卸费200元,该材料的采购成本为(　　)元。
   A. 12 700   B. 10 912   C. 11 000   D. 10 930

16. 在有商业折扣的情况下,企业购入存货的入账价值是指(　　)。
   A. 扣除商业折扣但包括现金折扣的金额
   B. 扣除现金折扣但包括商业折扣的金额
   C. 扣除现金折扣和商业折扣的金额
   D. 不扣除现金折扣和商业折扣的金额

17. 某企业赊购材料,商品价目单中的报价为1 000元,商业折扣为10%,付款条件为2/10、n/30,企业在折扣期内付款,该材料的买价为(　　)元。
   A. 1 000   B. 980   C. 900   D. 882

18. 某企业3月1日存货结存数量为200件,单价为4元;3月2日发出存货150件;3月5日购进存货200件,单价为4.4元;3月7日发出存货100件。在采用移动加权平均法的情况下,3月7日结存存货的实际成本为(　　)元。
   A. 648   B. 432   C. 1 080   D. 1 032

19. 某工业企业月初库存原材料的计划成本为18 500元,"材料成本差异"账户借方余额为1 000元。本月10日购入原材料的实际成本为42 000元,计划成本为41 500元,本月发出材料计划成本为30 000元。本月月末库存材料的实际成本为(　　)元。
   A. 30 000   B. 30 250
   C. 30 750   D. 29 500

20. 某企业20××年12月31日"存货"的账面余额为20 000元,预计可变现净值为19 000元。第二年12月31日"存货"的账面余额为20 000元,预计可变现净值为21 000元。则第二年末应冲减存货跌价准备(　　)元。
   A. 2 000   B. 1 000   C. 9 000   D. 3 000

21. 某企业因火灾原因盘亏一批材料,价值为16 000元,该批材料的增值税进项税额为2 080元。收到各种赔偿款1 500元,残料入库200元。报经批准后,应记入"营业外支出"账户的金额为(　　)元。
   A. 14 400   B. 18 620   C. 14 300   D. 16 380

22. 某批发企业月初百货类商品结存12 500元,本月购入50 000元,销售净额为37 500元。上季度该类商品毛利率为20%,按毛利率法计算,则月末该类商品的存货成本为(　　)元。
   A. 32 500   B. 30 000   C. 55 000   D. 35 000

23. 商品流通企业购入存货的运杂费用一般应计入(　　)。
   A. 存货成本   B. 期间费用   C. 销售成本   D. 营业外支出

24. 下列各项支出中,一般纳税企业不计入存货成本的有(　　)。
   A. 购入存货时支付的增值税进项税额
   B. 入库前的挑选整理费
   C. 购买存货发生的运杂费
   D. 购买存货缴纳的进口关税

25. 随同商品出售,单独计价的包装物的收入应当计入( )。
    A. 主营业务收入　　　B. 其他业务收入　　　C. 营业外收入　　　D. 其他业务成本
26. 某企业委托外单位加工一批属于应税消费品的材料,材料加工完成后继续生产应税消费品。该企业对于加工单位代交的消费税,应( )账户。
    A. 借记"原材料"　　　　　　　　　　B. 借记"委托加工物资"
    C. 借记"应交税费——应交消费税"　　D. 贷记"应交税费——应交消费税"
27. 对于报废出租包装物的残料价值,应借记"原材料"账户,贷记( )账户。
    A. "主营业务收入"　　　　　　　　B. "其他业务收入"
    C. "其他业务成本"　　　　　　　　D. "销售费用"
28. 出租包装物,其价值的摊销应记入( )账户。
    A. "营业外支出"　　B. "管理费用"　　C. "其他业务成本"　　D. "销售费用"

四、多项选择题

1. 存货按实际成本核算时,下列属于存货发出的计价方法的有( )。
    A. 先进先出法　　　B. 加权平均法　　　C. 个别计价法　　　D. 移动加权平均法
    E. 计划成本法
2. 下列各项目中,属于存货的有( )。
    A. 受托代销的存货　　　　　　　B. 在产品
    C. "材料采购"账户借方余额　　　D. 机器设备
    E. "生产成本"账户余额
3. 下列不应计入外购存货采购成本的有( )。
    A. 运输机构造成的超定额损耗　　B. 运输途中的合理损耗
    C. 采购人员的差旅费　　　　　　D. 进口关税
    E. 入库前的挑选整理费用
4. 影响存货入账价值的主要因素有( )。
    A. 购货价格　　　B. 运杂费　　　C. 进口关税　　　D. 期间费用
    E. 差旅费
5. 委托加工材料收回后,将用于直接销售,其实际成本包括( )。
    A. 发出加工材料的实际成本　　　B. 支付的加工费
    C. 加工费用和往返运杂费　　　　D. 支付的增值税
    E. 受托方代收代交的消费税
6. "材料成本差异"账户贷方反映的内容有( )。
    A. 入库材料的超支差异　　　　　B. 入库材料的节约差异
    C. 发出材料应负担的超支差异　　D. 发出材料应负担的节约差异
    E. 发出商品分摊的进销差价
7. 存货的确认是依法定产权的取得为标志的。具体来说,下列( )项目属于企业存货的范围。
    A. 已经购入但尚未验收入库的存货　　B. 未购入但存放在本企业的货物
    C. 已出售但尚未运离本企业的存货　　D. 已经购入并验收入库的存货
    E. 已经运离本企业但尚未出售的存货

8. 将期末存货的成本与可变现净值进行比较的方法有（　　　）。
   A. 单项比较法　　　B. 分类比较法　　　C. 总额比较法　　　D. 计划成本法
   E. 直接转销法

9. 出租、出借包装物的收入包括（　　　）。
   A. 出租包装物的租金收入
   B. 出租包装物收到的押金
   C. 出借包装物收到的押金
   D. 没收逾期未还出租包装物的押金
   E. 没收逾期未还出借包装物的押金

10. 下列业务通过"其他业务收入"账户核算的有（　　　）。
    A. 销售产品的收入
    B. 出借包装物收到的押金
    C. 销售材料的收入
    D. 出租包装物的租金收入
    E. 随同产品出售，单独计价的包装物的收入

11. 企业进行财产清查时，对于盘亏的材料，应先记入"待处理财产损溢"账户，待期末或报经批准后，根据不同的原因可分别转入（　　　）账户。
    A. "管理费用"　　B. "销售费用"　　C. "营业外支出"　　D. "其他应收款"
    E. "财务费用"

12. 一般纳税企业委托其他单位加工材料，收回后用于连续生产应税消费品，下列应计入该种委托加工材料成本的项目有（　　　）。
    A. 支付的加工费
    B. 支付的增值税
    C. 途中运杂费
    D. 发出材料的实际成本
    E. 受托方代收代交的消费税

13. 下列项目中，应作为销售费用处理的有（　　　）。
    A. 随同商品出售、不单独计价的包装物的成本
    B. 随同商品出售、单独计价的包装物的成本
    C. 出租包装物的摊销价值
    D. 出借包装物的摊销价值
    E. 退还出租包装物的押金

五、名词解释

1. 存货
2. 先进先出法
3. 五五摊销法
4. 加权平均法
5. 毛利率法
6. 计划成本法
7. 售价金额核算法
8. 成本与可变现净值孰低法
9. 可变现净值
10. 低值易耗品
11. 包装物

六、思考题

1. 发出存货的基本计价方法有哪些？评述每种方法的优缺点和适用性。
2. 什么是数量进价金额核算法？简要说明其内容。
3. 什么是售价金额核算法？简要说明其内容及适用范围。
4. 简要说明"材料成本差异"账户的基本结构。

5. 简述存货发出的不同计价方法对利润的影响。
6. 简要说明出租、出借包装物在会计处理上的异同。
7. 如何确定委托加工材料的成本？
8. 低值易耗品与固定资产有什么区别？
9. 存货按计划成本计价进行日常核算有什么特点？

七、实务操作题

实务操作(4-1)

（一）**目的**：练习发出材料的计价方法。

（二）**资料**：某工厂为增值税一般纳税人。20××年7月1日结存A材料1 000千克，单位成本为50元。7月份A材料收发业务如下：

1. 5日，从外地购入A材料5 000千克，价款为235 600元，增值税税额为30 628元，运杂费为2 000元，运费可抵扣进项税额90元。A材料验收入库时实收4 950千克，短缺的50千克属于定额内合理损耗。

2. 8日，生产领用A材料1 800千克。

3. 12日，在本市购入A材料4 000千克，价款为194 000元，增值税税额为25 220元，材料已验收入库。

4. 15日，生产领用A材料3 500千克。

5. 20日，从外地某公司购入A材料2 500千克，单价为46.5元，价款为116 250元，增值税税额为15 112.50元。另支付运杂费2 500元，运费可抵扣进项税额60元。A材料已验收入库。

6. 25日，生产领用A材料6 000千克。

（三）**要求**：

1. 计算各批购入A材料的实际总成本和单位成本。
2. 分别按先进先出法和加权平均法计算7月份A材料发出的实际成本和月末结存成本。

实务操作(4-2)

（一）**目的**：练习存货期末计价的核算。

（二）**资料**：东风工厂采用备抵法核算存货的跌价损失，某材料存货的有关资料如下：

1. 20××年年初，"存货跌价准备"账户有贷方余额4 210元。20××年年末，存货成本为863 000元，可变现净值为857 220元。

2. 第二年年末，存货成本为629 000元，可变现净值为624 040元。

3. 第三年年末，存货成本为710 020元，可变现净值为734 170元。

（三）**要求**：

1. 计算各年应提取的存货跌价准备。
2. 编制相应的会计分录。

实务操作(4-3)

（一）**目的**：练习材料按实际成本计价的核算。

(二)资料:某工厂为增值税一般纳税企业,相关的增值税进项税额均经认证准予抵扣,材料按实际成本核算。该企业20××年7月份发生如下经济业务:

1. 1日,从丙企业采购B材料,材料买价共计为30 000元,增值税税额为3 900元,款项共计33 900元,用银行本票支付,材料已验收入库。

2. 1日,将上月末已收材料但尚未付款的暂估入账的材料作相反会计分录冲回,金额为70 000元。

3. 5日,从甲企业购入A材料,买价共计100 000元,增值税税额为13 000元,甲企业代垫运费1 500元,增值税税额135元。企业签发并承兑一张票面金额为114 635元、两个月期的商业汇票结算材料款项。材料已验收入库。

4. 8日,按照合同规定,向乙企业预付购料款80 000元,已开出转账支票支付。

5. 9日,上月已付款的在途A材料已验收入库,实际成本为50 000元。

6. 12日,从丁企业采购A材料1 000千克,买价为120 000元,增值税税额为15 600元,货款共135 600元,已用托收承付结算方式支付,材料尚未收到。

7. 20日,从丁企业购买的A材料运达,验收入库950千克,短缺50千克,原因待查。

8. 25日,用预付货款方式从乙企业采购的B材料已验收入库,增值税专用发票上列明:材料价款为70 000元,增值税税额为9 100元。收到退回多预付贷款900元,存入银行。

9. 28日,A材料短缺50千克的原因已查明,是丁企业少发货所致,丁企业已同意退款,但款项尚未收到。

10. 31日,根据发料凭证汇总表,本月基本生产车间生产产品领用原材料425 000元,车间一般性消耗领用80 500元,厂部管理部门领用87 600元,销售部门领用52 800元。

11. 31日,从甲企业购买A材料,材料已验收入库,结算单据仍未到达,按暂估价60 000元入账。

(三)要求:根据以上经济业务,编制会计分录。

实务操作(4-4)

(一)目的:练习委托加工材料的核算。

(二)资料:某企业为增值税一般纳税人,委托乙企业将A材料加工成B材料,B材料属于应税消费品,加工收回后用于连续生产应税消费品。该企业材料采用计划成本核算。有关经济业务如下:

1. 向乙企业发出A材料,计划成本为120 000元,当月材料成本差异率为-1%。

2. 用银行存款支付乙企业加工费、运杂费、税金等共计32 550元,其中:增值税为2 550元,经认证准予抵扣,消费税为13 000元。

3. B材料加工完毕,验收入库,计划成本为137 172元。

(三)要求:根据以上经济业务,编制会计分录。

实务操作(4-5)

(一)目的:练习材料按计划成本计价的核算。

(二)资料:某企业为增值税一般纳税人,相关的增值税进项税额均经认证准予抵扣,材料按计划成本核算。该企业20××年7月初"原材料"账户余额为135 000元,"材料成本差异"账户借方余额为11 961.4元。7月份发生如下经济业务:

1. 4日，从乙企业采购 A 材料，买价为 110 000 元，增值税税额为 14 300 元，运杂费为 1 530 元，运费可抵扣进项税额 110 元，货款共计 125 940 元，已用银行存款支付。材料已验收入库，计划成本为 110 000 元。

2. 12日，从甲企业购入 A 材料，买价为 150 000 元，增值税税额为 19 500 元，甲企业代垫运杂费 1 909 元，运费可抵扣进项税额 91 元。企业签发并承兑一张票面金额为 171 500 元、1 个月期的商业承兑汇票结算材料款项。该批材料已验收入库，计划成本为 160 000 元。

3. 15日，从丙企业采购 B 材料 4 000 千克，买价为 150 000 元，增值税税额为 19 500 元，丙企业代垫运杂费 2 400 元。货款共计 171 900 元，已用银行存款支付，材料尚未收到。

4. 25日，从丙企业购买的 B 材料已运到，实际验收入库 3 930 千克，短缺 70 千克，其中：20 千克属定额内合理损耗，其余 50 千克原因待查。B 材料的单位计划成本为 38 元。

5. 28日，从丙企业购买 B 材料，买价为 100 000 元，增值税税额为 13 000 元，丙企业代垫运杂费 1 730 元，运费可抵扣进项税额 110 元。货款共计 114 840 元，已用银行汇票支付，材料尚未收到。

6. 28日，从乙企业采购 A 材料，发票等结算凭证尚未收到。材料已验收入库，计划成本为 60 000 元。

7. 经查，从丙企业购入的短缺的 50 千克 B 材料，属于运输部门失职造成的，由其赔偿。

8. 31日，根据发料凭证汇总表，本月领用材料的计划成本为 538 000 元，其中：生产产品领用 396 000 元，车间管理部门领用 45 000 元，厂部管理部门领用 67 000 元，销售部门领用 30 000 元。

（三）要求：

1. 根据以上经济业务，编制有关会计分录。
2. 计算 7 月份的材料成本差异率，并分摊差异。

实务操作(4-6)

（一）目的：练习商品流通企业的售价金额核算法。

（二）资料：某零售商店为增值税一般纳税人，对商品收发存采用售价金额核算法。该商店 20××年 8 月发生以下经济业务：

1. 2日，从外地某厂家购进商品一批，买价为 300 000 元，增值税税额为 39 000 元，经认证准予抵扣，运杂费为 2 209 元，运费可抵扣的进项税额为 91 元。款项共计 341 300 元，已用银行存款支付，商品已验收入库，该商品的含税售价为 449 000 元。

2. 10日，上月已付款的在途商品已运达并验收入库，该批商品的实际进价为 85 000 元，含税售价为 100 000 元。

3. 18日，销售商品一批，取得含税销售收入 98 700 元，款项已送存银行，同时，按含税收入结转商品的销售成本。

4. 假定全月商品含税销售收入为 4 124 500 元，增值税税率为 13%，月末进行价税分解。

5. 假定"库存商品"账户月末余额为 246 015 元，"商品进销差价"账户月末贷方余额为 1 169 100 元（分摊前）。月末，对本月已销商品分摊进销差价。

（三）要求：根据以上经济业务，编制会计分录。

实务操作(4-7)

（一）目的：练习低值易耗品的核算。

（二）资料：某工厂为增值税一般纳税人，低值易耗品采用实际成本核算，20××年6月份发生如下经济业务：

1. 6日，从外地某企业购进低值易耗品一批，取得的增值税专用发票上标明，买价为30 000元，增值税税额为3 900元，经认证准予抵扣，对方代垫运杂费800元，共计34 700元，已用银行存款支付。该批低值易耗品已验收入库。

2. 12日，上月已付款的在途低值易耗品已运达并已验收入库，其实际成本为60 000元。

3. 15日，基本生产车间领用低值易耗品一批，实际成本为3 800元，采用一次转销法摊销其价值。

4. 16日，厂部管理部门领用低值易耗品一批，实际成本为54 000元；基本生产车间领用低值易耗品一批，实际成本为12 000元。按五五摊销法摊销其价值。

5. 26日，基本生产车间报废低值易耗品一批，残料变价收入为100元，收到现金。该批低值易耗品在领用时已采用一次转销法摊销完毕。

（三）要求：根据以上经济业务，编制会计分录。

实务操作(4-8)

（一）目的：练习包装物的核算。

（二）资料：某工厂为增值税一般纳税人，包装物采用实际成本计价核算。该企业20××年6月份发生如下经济业务：

1. 2日，从甲企业购入包装物一批，买价为40 000元，增值税税额为5 200元，经认证准予抵扣，款项共计45 200元，已通过银行转账支付，包装物已验收入库。

2. 9日，从乙企业购进包装物一批，买价为50 000元，增值税税额为6 500元，经认证准予抵扣，款项共计56 500元，已用银行存款支付，包装物尚未运到。

3. 11日，基本生产车间生产产品领用包装物一批，实际成本为8 500元。

4. 12日，销售部门为销售产品领用包装物一批，实际成本为2 300元，该批包装物随同产品出售但不单独计价。

5. 15日，销售部门为销售产品领用包装物一批，实际成本为4 000元，该批包装物随同产品出售，单独计价为5 000元，增值税税额为650元，款项共计5 650元，已收存银行。

6. 18日，借给丙企业新包装物20个，单位实际成本为400元，出借期限为1个月，押金8 500元已收存银行。该包装物成本按一次转销法摊销。

7. 20日，租给丁企业新包装物100个，单位实际成本为30元，出租期限为1个月，租金含税每个11.3元。押金3 500元和租金1 130元已收存银行。该包装物采用五五摊销法摊销。

8. 本月租给丁企业的包装物100个按期收回，返回押金，因不能再使用予以报废，收回残料入库作价50元。

（三）要求：根据以上经济业务，编制会计分录。

实务操作(4-9)

（一）目的：练习存货清查的核算。

（二）资料：某企业对存货进行清查，清查结果及批准处理情况如下：

1. 发现盘盈A低值易耗品5件，单位重置成本为300元。

2. 发现盘亏B原材料400千克，单位计划成本为100元，材料成本差异率为2%。其购进时的增值税进项税额为 5 304 元。

3. 发现毁损 C 产成品 80 件,单位实际成本为 350 元,其负担的增值税进项税额为 2 750 元。

4. 上述原因已查明:A 低值易耗品盘盈系收发计量差错所致;B 原材料短缺是管理制度不健全所造成;C 产成品毁损属意外事故造成,其残料价值为 500 元,可获保险公司赔偿 18 450 元。经厂长会议批准后,对上述清查结果作出处理。

(三) **要求**:根据以上经济业务,编制会计分录。

第五章 金融资产

学习指导

一、主要参考法规索引

1. 《企业会计准则——基本准则》(2006年2月15日财政部发布,自2007年1月1日起施行。2014年7月23日根据财政部令第76号对个别条款进行了修订。)

2. 《企业会计准则第22号——金融工具确认和计量》(2006年2月15日财政部发布,自2007年1月1日起施行)。2017年3月31日根据财政部(财会〔2017〕7号)修订重新发布,视不同类型的企业,分别自2018年(2019年、2021年)1月1日起施行。

3. 《企业会计准则第22号——金融工具确认和计量》(应用指南)。

4. 《企业会计准则第23号——金融资产转移》(2006年2月15日财政部发布,自2007年1月1日起施行)。2017年3月31日根据财政部(财会〔2017〕8号)修订重新发布,视不同类型的企业,分别自2018年(2019年、2021年)1月1日起施行。

5. 《企业会计准则第23号——金融资产转移》(应用指南)。

6. 《企业会计准则第40号——合营安排》(2014年2月17日财政部发布,自2014年7月1日起施行。)

7. 《企业会计准则第41号——在其他主体中权益的披露》(2014年3月14日财政部发布,自2014年7月1日起施行。)

二、学习要点

1. 金融工具的概念与构成。
2. 金融资产的分类与计价。
3. 以摊余成本计量的金融资产的核算。
4. 以公允价值计量且其变动计入其他综合收益的债权性投资的核算。
5. 以公允价值计量且其变动计入其他综合收益的权益性投资的核算。
6. 以公允价值计量且其变动计入当期收益的金融资产的核算。

三、重点、难点问题

1. 金融资产的分类、初始计量与后续计量。
2. 以摊余成本计量的金融资产后续计量的核算。
3. 以公允价值计量且其变动计入其他综合收益的金融资产的核算。
4. 以公允价值计量且其变动计入当期收益的金融资产的核算。

习 题 与 实 训

一、填空题

1. 金融工具是指形成一方的_____并形成其他方的_____和_____的合同。
2. 金融工具按其复杂程度可以分为_____和_____。
3. 金融资产根据企业对其管理的业务模式和现金流量特征可分为_____、_____、_____和_____。
4. 以摊余成本计量的"债权投资"总账户下设置的明细账户有_____、_____和_____等。
5. 以公允价值计量且其变动计入其他综合收益的金融资产分为_____和_____两种情况。
6. 债权投资后续计量时应按_____和_____计算利息收入计入投资收益。
7. 债权投资后续计量的会计处理分为_____的债权投资和_____的债权投资。
8. "交易性金融资产"总账户下应设置的明细账户有_____和_____等。
9. 以公允价值计量且其变动计入其他综合收益的非交易性权益工具投资获得的股利收入计入_____,其他相关的利得和损失全部计入_____。
10. 以摊余成本计量的债权投资,其管理的业务模式是以收取_____为目标,相关合同条款规定在特定日期产生的现金流量,仅为对_____和以_____为基础的利息的支付。

二、判断题

1. 以公允价值计量的金融资产其公允价值变动全部计入其他综合收益。　　　(　　)
2. 金融资产是指企业短期投资和长期股权投资以外全部的金融资产。　　　(　　)
3. 企业的全部债权性投资都应当按照摊余成本进行后续计量。　　　(　　)
4. 交易性金融资产应当按照取得时的公允价值和相关交易费用之和确认初始入账金额。
　　　(　　)
5. 交易性金融资产在持有期间赚取的债券利息,应调减该交易性金融资产的账面价值。
　　　(　　)
6. 企业取得金融资产时,支付的款项包括已宣告而尚未发放的现金股利应单独作为应收项目进行核算,不计入相关资产成本中。　　　(　　)
7. 处置金融资产时,其之前已计入其他综合收益的累计金额全部转入当期损益。(　　)

8. 处置债权时,应将所取得价款与该投资账面价值之间的差额计入资本公积。（　）

9. 其他权益工具投资在持有期间应当按照公允价值计量,公允价值与账面价值的差额计入公允价值变动损益。（　）

10. 以摊余成本计量的金融资产初始计量时,其发生的相关交易费用计入初始确认成本。（　）

三、单项选择题

1. 下列各项属于以公允价值计量且其变动计入当期损益金融资产的是（　）。

   A. 交易性金融资产　　　　　　　B. 债权投资
   C. 其他权益工具投资　　　　　　D. 其他债权投资

2. A有限责任公司20××年4月1日购入H公司30万股股票,每股价格5.8元。将其划分为交易性金融资产,另支付与购入股票有关的税金10 000元,相关费用7 000元。该交易性金融资产的购入总成本是（　）元。

   A. 1 747 000　　B. 1 740 000　　C. 1 757 000　　D. 1 750 000

3. A有限责任公司20××年12月31日"交易性金融资产——A股票"账面价值为40 000元,市价为36 000元,则该公司当年末资产负债表应填列的金额为（　）元。

   A. 76 000　　B. 40 000　　C. 4 000　　D. 36 000

4. 企业购入债券划分为以摊余成本计量的金融资产,以后各期确认的投资收益是（　）。

   A. 按票面利率计算的应计利息
   B. 按票面利率计算的应计利息与当期债券溢价摊销的合计数
   C. 按票面利率计算的应计利息与当期债券折价摊销的差额
   D. 按期初债券的摊余价值与确定的实际利率计算的金额

5. A有限责任公司20××年9月1日从证券市场购入乙公司于20××年1月1日发行的一批债券,面值为200 000元,票面利率为6%,3年期,每年1月1日和7月1日付息两次。实际支付206 000元(乙公司尚未支付20××年上半年利息)。A有限责任公司购入债券划分为以摊余成本计量的金融资产。则A公司购入上述债券时应确认的投资成本为（　）元。

   A. 200 000　　B. 208 000　　C. 206 000　　D. 204 000

6. 关于以摊余成本计量的金融资产的核算,下列说法正确的是（　）。

   A. 购入债券时支付的全部价款应当计入投资成本
   B. 期末按成本与市价孰低法计价
   C. 收到的债券利息全部作为投资收益处理
   D. 到期还本付息债券应在期末计提债券利息,增加债权投资的账面价值

7. 企业会计准则规定,企业的交易性金融资产在期末计量时应采用的计量属性是（　）。

   A. 历史成本　　　　　　　　　　B. 公允价值
   C. 成本与市价孰低法　　　　　　D. 可变现净值法

8. 企业的交易性金融资产在持有期间,被投资单位宣告发放的现金股利,应确认为（　）。

   A. 资本公积　　B. 营业外收入　　C. 财务费用　　D. 投资收益

9. 企业购入A公司股票作为交易性金融资产核算，共支付价款11 900元，其中含有已宣告但尚未发放的现金股利1 500元及相关税费100元，则该交易性金融资产的初始计量金额为(　　)元。
   A. 10 300　　　　B. 10 400　　　　C. 11 900　　　　D. 12 000

10. 企业取得的准备随时变现的股票投资，期末公允价值上升时应借记的账户是(　　)。
    A."应收利息"　　　　　　　　B."交易性金融资产"
    C."投资收益"　　　　　　　　D."财务费用"

11. 某企业购入A公司股票100万股，并将其划分为交易性金融资产，共支付款项为1 340万元，其中包括已宣告但尚未发放的现金股利12万元和相关交易费用2万元。该项交易性金融资产的入账价值为(　　)万元。
    A. 1 340　　　　B. 1 328　　　　C. 1 326　　　　D. 1 342

12. 某企业于20××年3月31日购入A公司股票4 000股，并将其划分为交易性金融资产。A公司已于3月20日宣告分派股利(至3月31日尚未支付)，每股为0.2元，企业以银行存款支付股票价款48 000元，另付手续费400元，该交易性金融资产的入账价值为(　　)元。
    A. 48 400　　　　B. 48 000　　　　C. 47 200　　　　D. 40 000

13. 某企业20××年5月1日购买A公司股票1 000股，每股价格为10元，另支付相关费用200元；5月10日又购入A公司股票1 000股，每股价格为12元，另支付相关费用240元，均划分为交易性金融资产。该企业6月10日将该股票全部予以转让，取得价款25 000元，则企业通过该交易性金融资产影响"投资收益"账户的金额为(　　)元。
    A. 6 000　　　　B. 3 000　　　　C. 2 560　　　　D. 2 000

14. 甲公司于20××年1月1日从证券市场上购入乙公司上年1月1日发行的债券，该债券为3年期，票面利率为5%，每年1月5日支付上年度的利息，到期日为第四年1月1日，到期日一次性归还本金和最后一次利息。甲公司购入债券的面值为1 000万元，实际支付价款1 011.67万元。A公司购入后将其划分为债权投资。购入债券的实际利率为6%。20××年12月31日，甲公司应确认的投资收益为(　　)万元。
    A. 58.90　　　　　　　　　　B. 50
    C. 49.08　　　　　　　　　　D. 60.70

15. 甲公司于20××年11月5日从证券市场上购入乙公司发行在外的股票200万股作为其他权益工具投资，每股支付价款5元，另支付相关费用20万元，20××年12月31日，这部分股票的公允价值为1 050万元，甲公司20××年12月31日应确认的其他综合收益为(　　)万元。
    A. 0　　　　　　　　　　　　B. 50
    C. 30　　　　　　　　　　　 D. 40

四、多项选择题

1. 下列项目中，属于广义金融资产的有(　　)。
   A. 库存现金　　　　　　　　　B. 债权投资
   C. 应收款项　　　　　　　　　D. 应付款项
   E. 其他应收款

2. 企业的狭义金融资产的计量属性有(　　　)。
   A. 历史成本　　　　　　　　B. 摊余成本
   C. 公允价值　　　　　　　　D. 重置价值
   E. 现值

3. 以摊余成本计量的"债权投资"核算使用的会计账户有(　　　)。
   A. 债权投资　　　　　　　　B. 应收利息
   C. 投资收益　　　　　　　　D. 其他综合收益
   E. 公允价值变动损益

4. 股票投资若划分为交易性金融资产,取得时的投资成本不包括(　　　)。
   A. 实际支付的买价
   B. 实际支付的税金、手续费
   C. 实际支付的价款中包含的已宣告但尚未发放的股票股利
   D. 实际支付的价款中包含的已宣告但尚未发放的现金股利
   E. 投资时支付给投资咨询公司的服务费

5. 影响以摊余成本计量的债权投资账面价值的因素有(　　　)。
   A. 债券面值　　　　　　　　B. 票面利率
   C. 摊余成本　　　　　　　　D. 实际利率
   E. 付息方式

6. 下列说法中正确的有(　　　)。
   A. 购入的交易性金融资产实际支付的价款中包含的已宣告但尚未领取的现金股利或已到付息期但尚未领取的债券利息,应单独核算,不构成交易性金融资产的成本
   B. 为购入交易性金融资产所支付的相关费用,不计入该资产的成本
   C. 为购入交易性金融资产所支付的相关费用,应计入该资产的成本
   D. 交易性金融资产在持有期间取得的现金股利,应确认为投资收益
   E. 取得金融资产时,支付价款中包含的已宣告但尚未发放的现金股利,收到时应确认为投资收益

7. 企业应当根据管理金融资产的业务模式和金融资产现金流量特征,将金融资产划分为(　　　)。
   A. 以公允价值计量且其变动计入当期损益的金融资产
   B. 以摊余成本计量的金融资产
   C. 以公允价值计量且其变动计入其他综合收益的金融资产
   D. 可供随时出售变现的金融资产
   E. 长期股权投资或短期债券投资

8. 企业划分为其他权益工具投资的金融资产的核算会涉及以下(　　　)账户。
   A. 其他权益工具投资　　　　B. 其他综合收益
   C. 应计利息　　　　　　　　D. 盈余公积
   E. 利息调整

9. 表明债权投资发生减值的客观证据,包括(　　　)。
   A. 发行方或债务人发生严重财务困难
   B. 债务人违反了合同条款,如偿付利息或本金发生违约或逾期等

C. 债权人出于经济或法律等方面因素的考虑,对发生财务困难的债务人作出让步

D. 债务人很可能倒闭或进行其他财务重组

E. 发行方的生产经营业务范围发生重大改变

10. 下列各项中,应作为债权投资取得时初始成本入账的有(　　)。

A. 投资时支付的不含应收利息的价款

B. 投资时支付的手续费

C. 投资时支付的印花税等

D. 投资时支付款项中所含的已到期但尚未发放的利息

E. 投资损失等

五、名词解释

1. 金融工具　　　　　　　　　2. 金融资产
3. 业务管理模式　　　　　　　4. 合同现金流量特征
5. 实际利率法　　　　　　　　6. 摊余成本

六、思考题

1. 如何对金融资产进行分类。
2. 如何对金融资产进行计量。
3. 债权投资的后续计量与会计核算方法。
4. 其他债权投资的核算方法。
5. 其他权益工具投资的核算方法。
6. 交易性金融资产的核算方法。

七、实务操作题

实务操作(5-1)

(一) 目的:练习以摊余成本计量的金融资产(债权投资)的核算。

(二) 资料:某公司20××年度发生部分债权投资业务:

1. 1月1日,购入T公司当月发行的3年期普通债券,面值200 000元,相关税费400元,实付200 400元,款项用银行存款支付。

2. 1月1日,购入R公司当日发行的公司债券,面值200 000元,买价208 000元。该债券期限为3年,年利率6%,每年1月1日及7月1日各付息一次。实际利率为4.56%。

3. 1月1日,以银行存款1 000万元购入L公司同日发行的面值为1 250万元公司债券,5年期,票面利率为4.72%,到期一次还本付息,实际利率为10%。

4. 假定第五年10月8日,出售L公司债券,实收1 500万元。

(三) 要求:根据上述资料编制有关的会计分录。

实务操作(5-2)

(一) 目的:以公允价值计量且其变动计入其他综合收益的金融资产的核算。

(二) 资料：某公司20××年发生部分经济业务如下：

1. 其他债权投资业务：

（1）1月1日，用银行存款1 810 000元购入A公司发行的5年期债券，该债券面值2 000 000元，另支付交易费用1 680元，债券的票面年利率6%，实际年利率为7.5%。A公司于每年1月10日前支付上年债券利息。

（2）计算持有A公司债券各期的利息收入和投资收益。

（3）假定第一年年末A公司债券的公允价值为1 900 000元。

（4）假定第二年年末A公司债券的公允价值为1 880 000元。

（5）假定第三年1月20日将上述A公司债券出售，收到价款1 970 000元存入银行。

2. 其他权益工具投资业务：

（1）3月1日，购入丁公司的发行的普通股2 000股，每股25元，款项用银行存款支付。支付价款中含已宣告尚未发放的现金股利3 000元，另支付相关税费1 000元。该股票投资划分为其他权益工具投资。

（2）10月20日，丁公司宣告发放现金股利，每股0.5元。

（3）11月10日，收到丁公司发放的现金股利。

（4）12月31日，丁公司股票每股市值上升为30元。

（5）第二年3月30日，将持有的丁公司股票全部出售，每股32元。假定企业按留存收益的10%计提法定盈余公积金。

(三) 要求：根据上述资料编制有关的会计分录。

实务操作(5-3)

(一) 目的：练习以公允价值计量且其变动计入当期损益的金融资产的核算。

(二) 资料：某公司20××年度发生部分经济业务如下：

1. 2月5日，购买A公司股票100 000元，另支付手续费200元，印花税150元，全部款项均以银行存款支付。

2. 3月10日，购买B公司股票600 000元，其中包括已宣告未发放的现金股利10 000元，另支付手续费1 200元，印花税900元。全部款项均以银行存款支付。办妥有关手续。

3. 3月20日，收回B公司发放的现金股利，存入银行。

4. 4月20日，A公司宣告发放的现金股利1 000元。

5. 6月30日，A公司股票市价下跌到95 000元。

6. 9月30日，A公司股票市价回升至110 000元。

7. 10月15日，出售B公司股票，从成交价中扣除手续费、印花税，实收645 100元，存入银行。

8. 10月18日，购入C公司债券50 000元，其中包括已到付息期但尚未领取的债券利息1 250元，另支付手续费、印花税300元。该债券年利率5%，每半年付息一次。

9. 12月5日，因急需资金，将C公司债券出售，扣除相关税费后，实收价款51 560元（包括购入时尚未领取的债券利息）。

(三) 要求：根据上述资料编制有关的会计分录。

第六章 长期股权投资

学习指导

一、主要参考法规索引

1.《企业会计准则第 2 号——长期股权投资》(2014 年 3 月 13 日财政部发布,自 2014 年 7 月 1 日起施行)。

2.《企业会计准则第 2 号——长期股权投资》(应用指南)。

3.《企业会计准则解释第 9 号——关于权益法下投资净损失的会计处理》(2017 年 6 月 12 日财政部发布,自 2018 年 1 月 1 日起施行)。

4.《企业会计准则第 20 号——企业合并》(2006 年 2 月 15 日财政部发布,自 2007 年 1 月 1 日起施行)。

5.《企业会计准则第 8 号——资产减值》(2006 年 2 月 15 日财政部发布,自 2007 年 1 月 1 日起施行)。

6.《企业会计准则第 40 号——合营安排》(2014 年 2 月 17 日财政部发布,自 2014 年 7 月 1 日起施行)。

7.《企业会计准则第 41 号——在其他主体中权益的披露》(2014 年 3 月 14 日财政部发布,自 2014 年 7 月 1 日起施行)。

二、学习要点

1. 长期股权投资的概念及特点。
2. 投资方与被投资方之间的关系。
3. 长期股权投资初始投资成本的确定及核算。
4. 长期股权投资成本法的应用条件及核算。
5. 长期股权投资权益法的应用条件及核算。

三、重点、难点问题

1. 长期股权投资初始投资成本的确定及核算。
2. 长期股权投资的成本法及其会计处理。
3. 长期股权投资的权益法及其会计处理。

习 题 与 实 训

一、填空题

1. 长期股权投资是指企业能够对被投资单位_____、_____或施加_____的权益性投资。

2. 投资企业能够对被投资企业实施控制的具体表现形式是投资方持有被投资方_____的表决权；或投资方持有被投资方_____的表决权，但通过与其他表决权持有人之间的协议_____表决权。

3. 投资企业对被投资单位能够实施_____或施加_____的权益性投资，应当采用权益法核算。

4. 投资企业能够对被投资单位实施_____的权益性投资，应当采用成本法核算。

5. 重大影响是指投资方对被投资方的财务和经营政策有_____的权力，但并_____或者与其他方一起共同控制这些政策的制定。

6. 同一控制下企业合并形成的长期股权投资，合并方以支付现金、转让非现金资产或承担债务方式作为合并对价的，应当在合并日_____作为长期股权投资的初始投资成本。长期股权投资的初始投资成本与支付的现金、转让的非现金资产及所承担的债务账面价值之间的差额，应当调整_____、_____。不足冲减的，调整_____。

7. 非同一控制下的企业合并，应当按照确定的_____作为长期股权投资的初始投资成本。合并成本主要是指购买方作为企业_____、_____。

8. 以支付现金取得长期股权投资，应当_____作为长期股权投资的初始投资成本。初始投资成本包括与取得长期股权投资直接相关_____、_____及其他必要支出。

9. 投资者投入的长期股权投资，应当按照_____作为初始投资成本，但_____不公允的除外。

10. 长期股权投资采用权益法进行核算，应在长期股权投资账户下设置的明细账户有_____、_____、_____。

二、判断题

1. A公司购入B公司20%的股份，买价为322 000元；其中含有已宣告发放、但尚未领取的现金股利8 000元。那么A公司取得长期股权投资的成本为322 000元。（   ）

2. 长期股权投资采用成本法核算的，应按被投资单位宣告发放的现金股利或利润中属于本企业的部分，借记"应收股利"账户，贷记"投资收益"账户；属于被投资单位在本企业取得投资前实现净利润的分配额，应该借记"应收股利"账户，贷记"资本公积"账户。（   ）

3. 采用权益法核算的长期股权投资的初始投资成本大于投资时应享有被投资单位可辨

认净资产公允价值份额的,其差额计入长期股权投资(股权投资差额)中。（　）

4. 在成本法下,当被投资企业发生盈亏时,投资企业并不做账务处理;当被投资企业宣告分配现金股利时,投资方应将分得的现金股利确认为投资收益。（　）

5. 无论是长期股权投资核算的成本法,还是权益法,均应在实际收到利润时确认投资收益。（　）

6. 股票持有期限超过一年就应按长期股权投资的有关规定进行核算。（　）

7. 企业长期股权投资公允价值变动应确认为投资收益。（　）

8. 对长期股权投资采用成本法核算的,投资前后收到的现金股利应分别确认为投资收益和资本公积。（　）

9. 采用权益法时,投资前被投资单位实现的净利润应包括在投资成本中,不单独核算。（　）

10. 以发行权益性证券取得的长期股权投资,应当按照发行权益性证券的公允价值作为初始投资成本。（　）

11. 投资企业只要持有被投资企业的股权比例超过20%时就应采用权益法核算,反之,则采用成本法核算。（　）

12. 企业合并形成的长期股权投资的初始投资成本,应按被合并企业的净资产为基础进行确定。（　）

三、单项选择题

1. 企业采用成本法核算长期股权投资的,被投资单位宣告分派现金股利时,应当（　）。
   A. 减少长期股权投资账面价值　　B. 冲减应收股利
   C. 增加实收资本　　　　　　　　D. 计入投资收益

2. 采用权益法核算长期股权投资的,被投资单位发生亏损时,投资企业按应分担的份额应当（　）。
   A. 减少长期股权投资账面价值　　B. 冲减应收股息
   C. 冲减资本公积　　　　　　　　D. 计入营业外支出

3. 关于长期股权投资的成本法和权益法,下列说法正确的是（　）。
   A. 取得长期股权投资时投资成本的入账价值相同
   B. 被投资企业发生净损益时的处理方法相同
   C. 计提减值准备的条件相同
   D. 确认的投资收益金额相同

4. 企业采用成本法核算长期股权投资时,股票持有期间被投资单位发放的现金股利,确认为投资收益的时点是（　）。
   A. 实际收到现金股利时
   B. 被投资单位宣告发放现金股利的股权登记日
   C. 被投资单位发放现金股利的除息日
   D. 被投资单位宣告发放现金股利时

5. 采用成本法核算长期股权投资的情况下,被投资企业宣告分配现金股利时,投资企业应当（　）。

A. 借记"投资收益"账户 B. 贷记"营业外收入"账户
C. 贷记"投资收益"账户 D. 借记"资本公积"账户

6. 采用权益法核算,在被投资企业宣告分配股票股利时,投资企业的会计处理是(　　)。
   A. 借记"应收股利"账户,贷记"投资收益"或"长期股权投资"账户
   B. 借记"长期股权投资"账户,贷记"投资收益"账户
   C. 借记"应收股利"账户,贷记"长期股权投资"账户
   D. 不作账务处理

7. 采用成本法核算的,在被投资企业宣告分配现金股利时,投资企业应(　　)。
   A. 借记"长期股权投资"账户,贷记"投资收益"账户
   B. 借记"应收股利"账户,贷记"投资收益"账户
   C. 借记"应收股利"账户,贷记"长期股权投资"账户
   D. 不作账务处理

8. 甲公司购入乙公司60%的股票作为长期股权投资,采用成本法进行核算,购入时支付价款11 900元,同时另支付相关税费100元,则甲公司购入时长期股权投资应确认的入账价值为(　　)元。
   A. 10 900 B. 11 000
   C. 11 900 D. 12 000

9. 甲公司与乙公司共同出资设立丙公司,经甲、乙双方协议,丙公司的董事长由乙公司委派,甲方的出资比例为40%,股东按出资比例行使表决权。在这种情况下,(　　)。
   A. 甲公司采用权益法核算该长期股权投资,乙公司采用成本法核算该长期股权投资
   B. 甲公司采用成本法核算该长期股权投资,乙公司采用权益法核算该长期股权投资
   C. 甲公司和乙公司均采用成本法核算该长期股权投资
   D. 甲公司和乙公司均采用权益法核算该长期股权投资

10. 根据《企业会计准则第2号——长期股权投资》的规定,长期股权投资采用权益法核算时,初始投资成本大于应享有被投资单位可辨认净资产公允价值份额之间的差额,正确的会计处理是(　　)。
    A. 计入投资收益 B. 冲减资本公积
    C. 计入营业外支出 D. 不调整初始投资成本

11. 在权益法下,当被投资单位其他债权投资的公允价值下跌时,投资企业应借记的会计账户是(　　)。
    A. "投资收益" B. "营业外收入"
    C. "其他综合收益" D. "长期股权投资"

12. 甲企业20××年1月1日购入乙公司股份按成本法核算,准备长期持有,实际支付价款290万元。20××年乙公司经营获利100万元,但未宣告分派现金股利。20××年年末该长期股权投资的账面价值为(　　)万元。
    A. 290 B. 300 C. 310 D. 320

13. 甲公司于20××年1月1日以货币资金从证券市场上购入乙公司发行在外股份的20%,实际支付价款500万元,另支付相关税费25万元,同日,乙公司可辨认净资产的公允价值为2 400万元。甲公司取得的长期股权投资,应确定的投资成本为(　　)万元。
    A. 500 B. 525 C. 480 D. 2 400

14. 甲企业购入乙公司30%的股份进行长期投资,投资前两公司不存在关联方关系,采用权益法进行核算,购入时支付价款120 000元,同时支付相关税费10 000元,购入时被投资企业可辨认净资产的账面价值为500 000元(公允价值等于账面价值),则购入时长期股权投资的入账价值为(　　)元。

  A. 120 000　　　　　　　　　　B. 130 000
  C. 150 000　　　　　　　　　　D. 110 000

15. 已计提减值准备的长期股权投资,以后价值恢复时,按现行会计准则规定,正确的做法是(　　)。

  A. 不作账务处理　　　　　　　　B. 冲回已计提的减值准备
  C. 冲减资本公积　　　　　　　　D. 冲减管理费用

四、多项选择题

1. 在同一控制下的企业合并中,合并方取得的净资产账面价值与支付的合并对价账面价值(或发行股份面值总额)的差额,可能调整(　　)。

  A. 盈余公积　　B. 资本公积　　C. 营业外收入　　D. 投资收益
  E. 未分配利润

2. 在非企业合并情况下,下列各项中,应作为长期股权投资取得时初始成本入账的有(　　)。

  A. 投资时支付的不含应收股利的价款
  B. 为取得长期股权投资而发生的评估、审计、咨询费
  C. 投资时支付的税金及其他必要支出
  D. 投资时支付款项中所含的已宣告而尚未领取的现金股利
  E. 投资时支付的业务招待费

3. 长期股权投资的权益法的适用范围有(　　)。

  A. 投资企业能够对被投资企业实施控制的长期股权投资
  B. 投资企业对被投资企业实施共同控制的长期股权投资
  C. 投资企业对被投资企业债权投资
  D. 投资企业对被投资企业的固定资产投资
  E. 投资企业对被投资企业施加重大影响的长期股权投资

4. 根据《企业会计准则第2号——长期股权投资》的规定,长期股权投资采用成本法核算时,下列各项可能会引起长期股权投资账面价值变动的有(　　)。

  A. 追加投资
  B. 减少投资
  C. 被投资企业实现净利润
  D. 被投资企业宣告发放投资年度前的现金股利
  E. 被投资企业发生净亏损

5. 长期股权投资的权益法的适用范围有(　　)。

  A. 投资企业能够对被投资企业实施控制的长期股权投资
  B. 投资企业对被投资企业具有共同控制的长期股权投资
  C. 投资企业对被投资企业不具有共同控制或重大影响,并且在活跃市场中没有报价、

公允价值不能可靠计量的长期股权投资

D. 投资企业对被投资企业具有重大影响的长期股权投资

E. 投资企业对被投资企业不具有共同控制或重大影响,并且在活跃市场中有报价、公允价值能可靠计量的长期股权投资

6. 下列各项中,不适用于长期股权投资成本法的有( )。

A. 对被投资单位实施控制

B. 对被投资单位不具有共同控制

C. 对被投资单位具有重大影响

D. 对被投资单位不具有重大影响

E. 以上四种情况均可

7. 采用权益法时,能引起长期股权投资账面价值增减变动的事项有( )。

A. 收到现金股利
B. 收到股票股利
C. 被投资企业实现净利润
D. 被投资企业发生净亏损
E. 被投资企业其他债权投资公允价值变动形成的其他综合收益

8. 采用权益法核算时,可能记入"长期股权投资"账户贷方发生额的有( )。

A. 被投资单位宣告现金股利
B. 投资单位收回长期股权投资
C. 被投资单位发生亏损
D. 被投资单位实现净利润
E. 被投资企业接受现金捐赠

9. 采用权益法核算时,与"投资收益"账户有关的因素包括( )。

A. 被投资单位实现净利润
B. 被投资单位发生亏损
C. 被投资单位接受捐赠
D. 被投资单位宣告分派股票股利
E. 处置长期股权投资

10. 关于长期股权投资的成本法,下列说法正确的有( )。

A. 除企业合并形成的长期股权投资外,现金购入时以支付的全部价款作为投资成本入账,已宣告尚未领取的现金股利除外

B. 收到的现金股利属于投资后被投资单位累计实现的净利润的分配方确认为投资收益,否则调整投资成本

C. 被投资企业实现净利润应调增长期股权投资的账面价值

D. 期末计提减值准备

E. 投资企业能够对被投资企业实施控制的,应当采用成本法

五、名词解释

1. 长期股权投资
2. 同一控制下的企业合并
3. 非同一控制下的企业合并
4. 成本法
5. 权益法

六、思考题

1. 长期股权投资的初始投资成本如何确定?
2. 交易性金融资产与长期股权投资持有期间的损益确认有何差异?
3. 成本法与权益法各自的适用范围是什么?

4. 成本法与权益法会计处理的主要差异是什么?
5. 长期股权投资如何计提减值准备?

七、实务操作题

实务操作(6-1)

(一)目的:练习长期股权投资成本法核算。
(二)资料:A有限责任公司发生有关长期股票投资的经济业务如下:
1. 20××年2月1日,购入D股份公司股票50万股,每股成交价为5元,印花税、手续费为1 000元,占D股份公司有表决权资本的60%,款项均以银行存款支付。
2. 20××年3月5日,D公司宣告发放上年度的现金股利,每股为0.10元。
3. 20××年3月28日,收到现金股利,存入银行。
4. 第二年4月2日,D公司宣告分派20××年度现金股利,每股为0.20元。
5. 第二年4月30日,收到现金股利存入银行。
(三)要求:根据上述资料,编制有关的会计分录。

实务操作(6-2)

(一)目的:练习长期股权投资权益法核算。
(二)资料:A有限责任公司发生有关长期股票投资(假定为非企业合并)的经济业务如下:
1. 20××年6月5日,购入G股份公司股票200万股(对方总股本为1 000万股,具有重大影响),每股为8元,其中包括已宣告未发放的现金股利每股为0.30元,另支付相关税费128 000元。投资日G公司所有者权益总额为6 000万元。假定被投资单位可辨认净资产公允价值与所有者权益的账面价值相同。
2. 20××年7月5日,收到G公司发放的现金股利。
3. 20××年G公司实现年度净利润840万元,按持股比例计算本企业应分享的份额。
4. 第二年2月2日,G公司宣告发放现金股利400万元,即每10股发放4元,计算本企业应收股利并转账。
5. 第二年3月2日,收到G公司发放的现金股利,存入银行。
6. 第二年度G公司发生净亏损200万元,计算本企业应负担额,并转账。
(三)要求:根据上述资料,编制有关的会计分录。

实务操作(6-3)

(一)目的:综合练习长期股权投资权益法核算。
(二)资料:甲股份有限公司(以下简称甲公司)从20××年起连续三年的投资业务有关的资料如下:
1. 20××年1月1日,以银行存款6 100万元购入乙股份有限公司(以下简称乙公司)股票,占乙公司有表决权股份的25%,对乙公司的财务和经营政策具有重大影响。不考虑相关费用。20××年1月1日,乙公司所有者权益总额为24 400万元。假定被投资单位可辨认净资产公允价值与所有者权益的账面价值相同。

2. 20××年5月2日,乙公司宣告发放上年度的现金股利600万元,并于20××年5月26日实际发放。

3. 20××年度,乙公司实现净利润3 800万元。

4. 第二年度,乙公司发生净亏损1 900万元。

5. 第二年12月31日,因乙公司发生严重财务困难,甲公司预计对乙公司长期股权投资的可收回金额为5 000万元。

6. 第三年6月,乙公司增发股票,进行会计处理后,资本公积增加1 000万元。

(三)要求:根据上述资料,编制有关的会计分录。

实务操作(6-4)

(一)目的:综合练习长期股权投资权益法核算。

(二)资料:甲股份有限公司(以下简称甲公司)从20××年起连续三年的投资业务有关的资料如下:

20××年1月1日,甲公司以其库存商品对乙企业投资,投出商品的成本为180万元,公允价值和计税价格均为200万元,增值税税率为13%(不考虑其他税费)。甲公司对乙企业的投资占乙企业注册资本的20%,甲公司采用权益法核算该项长期股权投资。20××年1月1日,乙企业所有者权益总额为1 000万元(假定为公允价值)。乙企业20××年实现净利润600万元。第二年乙企业发生亏损2 200万元。假定甲企业账上有应收乙企业长期应收款80万元。第三年乙企业实现净利润1 000万元。

(三)要求:根据上述资料,编制甲公司对乙企业投资及确认投资收益的会计分录。

实务操作(6-5)

(一)目的:综合练习长期股权投资核算。

(二)资料:甲股份有限公司(以下简称甲公司)从20××年起连续四年的投资业务有关的资料如下:

甲公司和乙公司是不具有关联关系的两个独立的公司。有关企业合并资料如下:

1. 20××年12月25日,两个公司达成合并协议,由甲公司采用控股合并方式对乙公司进行合并,合并后甲公司取得乙公司70%的股份。

2. 第二年1月1日,甲公司以一项固定资产、交易性金融资产和库存商品作为对价合并了乙公司。该固定资产原值为3 600万元,已计提折旧1 600万元,公允价值为1 800万元;交易性金融资产的成本为2 000万元,公允价值变动(借方余额)为200万元,公允价值为2 600万元;库存商品账面价值为1 600万元,公允价值为2 000万元。

3. 发生直接相关费用120万元。

4. 在购买日,乙公司可辨认净资产的公允价值为8 000万元(假定公允价值与账面价值相同)。

5. 第二年2月4日,股东会宣告分配现金股利2 000万元。

6. 第二年12月31日,乙公司全年实现净利润3 000万元。

7. 第三年2月4日,股东会宣告分配现金股利4 000万元。

8. 第三年12月31日,乙公司因其他债权投资公允价值变动增加200万元,不考虑所得税影响,乙公司所得税税率为25%。

9. 第三年12月31日,乙公司全年实现净利润6 000万元。

10. 第四年1月4日,出售乙公司35%的股权,甲公司对乙公司的持股比例为35%,在被投资单位董事会中派有代表,但不能对乙公司生产经营决策实施控制。对乙公司长期股权投资应由按照成本法改为按照权益法核算。出售取得价款4 000万元已收到。当日办理完毕相关手续。企业增值税税率为13%。

(三) 要求: 对甲公司20××年至第四年的下列相关业务进行处理。

1. 计算确定购买成本。
2. 计算固定资产和交易性金融资产的处置损益。
3. 编制甲公司在购买日的会计分录。
4. 编制第二年2月4日股东会宣告分配现金股利的会计分录。
5. 编制第三年2月4日股东会宣告分配现金股利的会计分录。
6. 编制第四年1月4日出售股权的会计分录。

第七章 固定资产

学 习 指 导

一、主要参考法规索引

1.《企业会计准则第 4 号——固定资产》(2006 年 2 月 15 日财政部发布,自 2007 年 1 月 1 日起施行)。

2.《企业会计准则第 4 号——固定资产》(应用指南)。

3.《企业会计准则第 21 号——租赁》(2006 年 2 月 15 日财政部发布,自 2007 年 1 月 1 日起施行)。2018 年 12 月 7 日重新修订,根据不同企业,分别从 2019 年 1 月 1 日和 2021 年 1 月 1 日起施行。

4.《企业会计准则第 21 号——租赁》(应用指南)。

5.《企业会计准则解释第 6 号》(2014 年 1 月 17 日财政部发布,自发布之日起施行)。

6.《企业会计准则解释第 10 号》(2017 年 6 月 12 日财政部发布,自 2018 年 1 月 1 日起施行)。

7.《中华人民共和国增值税暂行条例》(2008 年 11 月 10 日国务院公布,自 2009 年 1 月 1 日起施行;2017 年 11 月 19 日进行第二次修订;2018 年 4 月 4 日和 2019 年 3 月 20 日两次对部分税率进行了降低调整)。

8. 关于印发《增值税会计处理规定》的通知,2016 年 12 月 3 日财政部发布,自发布之日起施行。

二、学习要点

1. 固定资产的概念及分类。
2. 固定资产的计价。
3. 不同来源固定资产的会计核算。
4. 固定资产折旧的计算方法及核算方法。
5. 固定资产后续支出的账务处理。
6. 固定资产期末计价及计提减值准备的账务处理。
7. 固定资产处置、报废、毁损与盘亏的账务处理。

三、重点、难点问题

1. 固定资产取得的核算。
2. 固定资产折旧的计算及账务处理。
3. 固定资产后续支出的账务处理。
4. 固定资产减值准备的计提及账务处理。
5. 固定资产处置、报废、毁损与盘亏的账务处理。

习题与实训

一、填空题

1. 企业的固定资产按照经济用途,可以分为_____和_____两类。
2. 企业的固定资产按照使用情况,可以分为_____、_____和_____。
3. 固定资产的计价基础主要有_____、_____和_____。
4. 固定资产核算设置的账户主要有_____、_____、_____和_____。
5. 影响固定资产折旧的主要因素分别为_____、_____、_____和_____。
6. 现行固定资产折旧的计算方法主要有_____、_____、_____和_____。
7. 与固定资产有关的后续支出,符合固定资产确认条件的应当计入_____,不符合固定资产确认条件的应当在发生时计入_____。
8. 自行建造固定资产主要有_____和_____两种方式。
9. 按照租赁固定资产上的风险和报酬是否从出租人转移给承租人,出租人将固定资产租赁分为_____和_____。
10. 固定资产减值是指固定资产的_____低于其_____的差额。

二、判断题

1. 企业接受其他单位的固定资产投资时,"固定资产"账户的入账金额应考虑投资方的原账面价值,但"实收资本"账户金额应按双方合同约定的价值入账。（ ）
2. 按双倍余额递减法计提的折旧额在任何时期都大于按平均年限法计提的折旧额。（ ）
3. 对于企业的借款利息费用,在固定资产交付使用前发生的,应予以资本化,将其计入固定资产的建造成本;在固定资产交付使用后发生的,则应作为当期损益处理。（ ）
4. 企业接受其他单位的固定资产投资时,"固定资产"账户要按投资合同或协议约定的价值入账。（ ）
5. 企业在计提固定资产折旧时,当月增加的固定资产当月不提折旧,当月减少的固定资产当月照提折旧。（ ）
6. 企业生产车间以经营租赁方式将一台固定资产租给某单位使用,该固定资产的所有权尚未转移。企业对该固定资产仍应计提折旧,计提折旧时记入"其他业务成本"账户。（ ）
7. 固定资产的可收回金额,是指资产的销售净价与预期从该资产的持续使用和使用寿命结束时的处置中形成的现金流量现值之中的较低者。其中,销售净价是指资产的销售价格减去处置资产所发生的相关税费后的余额。（ ）

8. 固定资产的入账价值应当包括企业为取得固定资产而缴纳的契税、耕地占用税、车辆购置税等相关税费。（ ）

9. 企业的固定资产应当在期末时按照账面价值与可收回金额孰低计量,对可收回金额低于账面价值的差额,应当计提固定资产减值准备。（ ）

10. 与固定资产有关的后续支出,如果符合固定资产确认的条件,则应当计入固定资产成本;如果不符合固定资产确认的条件,应当在发生时计入当期损益。（ ）

11. 固定资产报废、由于各种不可抗拒的自然灾害而毁损等情况,均应通过"固定资产清理"账户核算,计算出其固定资产的净损益后,直接转入"本年利润"账户。（ ）

12. 企业发生固定资产减值时,其会计分录为:借记"资产减值损失——计提固定资产减值准备"账户,贷记"固定资产减值准备"账户。（ ）

13. 按现行企业会计制度的规定,企业未使用的机器设备和房屋建筑物均不应计提折旧。（ ）

14. 固定资产计提折旧的双倍余额递减法的特点是,固定资产使用前期提取折旧多,使用后期提取折旧逐年减少,以使固定资产成本在有效使用年限中加快得到补偿。（ ）

15. 固定资产的后续支出不论何种情况,均通过"长期待摊费用"账户核算。（ ）

三、单项选择题

1. 固定资产发生减值应计入（　　）。
   A. 在建工程成本　　　　　　B. 制造费用
   C. 资产减值损失　　　　　　D. 长期待摊费用

2. 某企业购入一台需要安装的生产用设备,取得的增值税专用发票上标明的设备买价为60 000元,增值税税额为7 800元,支付的运输费为1 200元(不考虑增值税)。设备安装时领用工程用材料物资1 500元,购进该批材料物资时支付的增值税税额为195元,设备安装时支付有关人员工资费用2 500元。该项固定资产的成本为（　　）元。
   A. 60 000　　　B. 62 700　　　C. 65 200　　　D. 75 655

3. 生产经营期间固定资产报废清理的净损失应计入（　　）。
   A. 营业外支出　　B. 管理费用　　C. 资本公积　　D. 长期待摊费用

4. 企业现有设备一台,原价为100 000元,预计净残值为4 000元,预计可使用年限为5年。按双倍余额递减法计提折旧,则第二年应计提的折旧为（　　）元。
   A. 19 200　　　B. 20 000　　　C. 24 000　　　D. 24 640

5. 企业现有设备一台,原价为100 000元,预计净残值为4 000元,预计可使用年限为5年。按年数总和法计提折旧,则第二年应计提的折旧为（　　）元。
   A. 18 133　　　B. 19 200　　　C. 25 600　　　D. 26 667

6. 企业自营建造固定资产工程尚未完工,盘盈的工程用料,应作如下会计分录（　　）。
   A. 借:生产成本(红字)　　　　　B. 借:原材料
      贷:原材料(红字)　　　　　　　贷:在建工程——自营工程
   C. 借:工程物资　　　　　　　　D. 借:原材料
      贷:在建工程——自营工程　　　贷:其他业务收入

7. 固定资产改建中取得的变价收入,应记入(　　　)账户。
   A. "在建工程"　　　　　　　　B. "营业外收入"
   C. "管理费用"　　　　　　　　D. "固定资产清理"

8. 某企业对账面原价为 120 万元、累计折旧为 70 万元的某一项固定资产进行报废清理。清理时发生清理费用 5 万元,清理收入 80 万元。该固定资产的清理净收益为(　　　)万元。
   A. 25　　　　　　　　　　　　B. 40
   C. 71　　　　　　　　　　　　D. 75

9. 企业的固定资产在盘亏时应通过(　　　)账户核算。
   A. "在建工程"　　　　　　　　B. "固定资产清理"
   C. "待处理财产损溢"　　　　　D. "管理费用"

10. 下列项目中,应计入固定资产入账价值的是(　　　)。
    A. 固定资产安装过程中领用原材料负担的增值税
    B. 购置固定资产过程中发生的契税
    C. 购置固定资产支付的增值税
    D. 固定资产达到预定可使用状态后发生的借款利息

11. 某企业为增值税一般纳税人,增值税税率为 13%。该企业现对某生产机器进行改造。该固定资产账面原价为 1 000 万元,累计折旧为 550 万元,已提减值准备为 100 万元。改造该项固定资产领用生产用原材料 100 万元(不含增值税),另发生工资等费用 200 万元,改建后的固定资产价值不超过该项固定资产预计可收回金额。该固定资产改建后的入账价值为(　　　)万元。
    A. 650　　　　B. 667　　　　C. 1 217　　　　D. 1 317

12. 建造集体福利用不动产的增值税税额应计入(　　　)。
    A. 固定资产　　B. 营业外支出　　C. 在建工程　　D. 应交税费

13. 某企业发生了一场火灾,共计损失 100 万元,其中:流动资产损失 60 万元,固定资产损失 40 万元。经查,事故原因是雷击造成的。企业收到保险公司赔款 50 万元,其中:固定资产保险赔款 15 万元。企业由于这次火灾损失而应计入营业外支出的金额为(　　　)万元。
    A. 100　　　　B. 40　　　　C. 50　　　　D. 85

14. 对在建工程项目发生的净损失,如为非正常原因造成的报废或毁损,应将其净损失计入当期(　　　)。
    A. 营业外支出　　B. 在建工程　　C. 管理费用　　D. 固定资产

15. 企业一次购入多项没有标价的固定资产,各项固定资产的原价应按(　　　)确定。
    A. 各项固定资产的重置完全价值
    B. 各项固定资产公允价值的比例对总成本进行分配后
    C. 各项同类固定资产的历史成本
    D. 各项同类固定资产的净值

四、多项选择题

1. 购入的固定资产的入账价值包括(　　　)。
   A. 买价　　　　　　　　　　　B. 运杂费

C. 途中保险费 D. 进口关税
E. 安装费

2. 下列固定资产中应计提折旧的有（　　）。
   A. 不需用的房屋及建筑物 B. 在用的机器设备
   C. 未提足折旧提前报废的固定资产 D. 因更新改造停用的固定资产
   E. 季节性停用的固定资产

3. 下列固定资产不提折旧的有（　　）。
   A. 已全额计提减值准备的固定资产 B. 大修理停用的固定资产
   C. 已提足折旧继续使用的固定资产 D. 当月增加的固定资产
   E. 当月减少的在用固定资产

4. 下列项目中，应记入"固定资产清理"账户借方的有（　　）。
   A. 盘亏固定资产的净值 B. 报废固定资产发生的清理费用
   C. 报废固定资产的净值 D. 转出毁损固定资产净收益
   E. 改建、扩建固定资产的变价收入

5. 企业计算固定资产折旧的主要依据有（　　）。
   A. 固定资产原价 B. 预计使用年限
   C. 预计净残值 D. 固定资产的使用部门
   E. 报废固定资产的清理净损益

6. 属于加速折旧的固定资产折旧方法有（　　）。
   A. 年限平均法 B. 工作量法 C. 双倍余额递减法 D. 年数总和法
   E. 账面价值与可收回金额孰低法

7. 采用自营方式建造固定资产的情况下，下列项目中应计入固定资产取得成本的有（　　）。
   A. 工程耗用原材料 B. 工程人员的工资
   C. 工程领用本企业的商品实际成本 D. 企业行政管理部门发生的管理费用
   E. 固定资产报废损失

8. 确定固定资产处置损益时，应考虑的因素有（　　）。
   A. 累计折旧 B. 变价收入
   C. 清理费用 D. 固定资产减值准备
   E. 保险赔款

9. "固定资产清理"账户核算的内容包括（　　）。
   A. 固定资产报废 B. 固定资产毁损
   C. 固定资产盘盈 D. 固定资产改扩建支出
   E. 固定资产修理费用

10. 下列说法中正确的有（　　）。
    A. 购置的不需要经过建造过程即可使用的固定资产，按实际支付的买价、包装费、运输费、安装成本、缴纳的有关税金(不含增值税)等，作为入账价值
    B. 自行建造的固定资产，按建造该项资产达到预定可使用状态前所发生的全部支出，作为入账价值
    C. 投资者投入的固定资产，按投资方原账面价值作为入账价值

D. 如果以一笔款项购入多项没有单独标价的固定资产,按各项固定资产公允价值的比例对总成本进行分配,分别确定各项固定资产的入账价值

E. 购入需要安装的固定资产时,其安装费不计入固定资产成本

11. 下列与固定资产购建相关的支出项目中,构成一般纳税企业固定资产价值的有(　　)。

A. 支付的集体福利用不动产的增值税

B. 支付的耕地占用税

C. 进口设备的关税

D. 自营在建工程达到预定可使用状态前发生的借款利息(符合资本化条件)

E. 购入固定资产出差人员的差旅费用

12. 在采用自营方式建造固定资产的情况下,下列项目中应计入固定资产取得成本的有(　　)。

A. 工程项目耗用的工程物资

B. 工程领用本企业商品涉及的增值税进项税额

C. 辅助生产车间为工程提供的水、电等费用

D. 工程领用本企业生产用原材料的增值税进项税额

E. 应付工程人员的工资和福利费用

13. 下列项目在购建时须记入"在建工程"账户的有(　　)。

A. 不需要安装的固定资产

B. 需要安装的固定资产

C. 固定资产的改扩建

D. 应计入固定资产账面价值以外的后续支出

E. 固定资产装修支出

14. 对接受捐赠的固定资产的入账价值,下列说法中正确的有(　　)。

A. 捐赠方提供了有关凭据的,按凭据上标明的金额加上应支付的相关税费(不含增值税),作为入账价值

B. 捐赠方没有提供有关凭据的,同类或类似固定资产存在活跃市场的,按同类或类似固定资产的市场价格估计的金额,加上应支付的相关税费(不含增值税),作为入账价值

C. 捐赠方没有提供有关凭据的,同类或类似固定资产不存在活跃市场,按该接受捐赠的固定资产的预计未来现金流量的现值,作为入账价值

D. 接受捐赠的如是旧的固定资产,应按重置完全价值作为入账价值

E. 接受捐赠的固定资产原值减去已计提折旧后的净额

15. "固定资产清理"账户贷方登记的项目有(　　)。

A. 转入报废的固定资产的净值　　　　B. 报废固定资产变价收入

C. 结转的毁损固定资产净收益　　　　D. 结转的毁损固定资产净损失

E. 支付的报废固定资产清理费用

五、名词解释

1. 固定资产　　　　　　　　　　　　2. 原始价值

3. 固定资产折旧　　　　　　　4. 预计净残值
5. 双倍余额递减法　　　　　　6. 固定资产减值
7. 固定资产处置　　　　　　　8. 固定资产毁损
9. 未使用固定资产　　　　　　10. 固定资产净值

六、思考题

1. 固定资产按经济用途如何进行分类？
2. 简述不同来源固定资产价值构成的具体内容。
3. 购入需要安装和不需要安装的固定资产的核算有何区别？
4. 现行制度对固定资产折旧范围作了哪些规定？
5. 简述固定资产折旧的平均年限法和工作量法的主要内容。
6. 简述双倍余额递减法和年数总和法的主要内容。
7. 如何核算固定资产的后续支出？
8. 如何进行固定资产减值业务的核算？
9. 如何核算固定资产的处置、报废、毁损业务？
10. 如何核算固定资产的盘盈和盘亏？

七、实务操作题

实务操作(7-1)

（一）目的：练习固定资产折旧的计算。

（二）资料：某企业购入设备一台，原价为 200 000 元，该设备预计使用 8 年，预计净残值率为 4%。

（三）要求：
1. 按平均年限法计算年、月的折旧率和折旧额。
2. 按双倍余额递减法计算年折旧率和每年的折旧额。
3. 按年数总和法计算每年的折旧率和折旧额。

实务操作(7-2)

（一）目的：练习改扩建固定资产的核算。

（二）资料：某企业于 20×× 年 9 月 15 日对一生产线进行改扩建，改扩建前该生产线的原价为 1 400 万元，已提折旧 400 万元，已提减值准备 50 万元。改扩建过程中实际领用工程物资 351 万元（不含增值税）；领用企业生产用的原材料一批，实际成本为 46.8 万元；分配工程人员工资 45.60 万元；企业辅助生产车间为工程提供有关劳务支出 6.60 万元，该生产线于 20×× 年 10 月 30 日达到预定可使用状态。该企业对改扩建后的固定资产采用年数总和法计提折旧，预计尚可使用年限为 5 年，预计净残值为 42 万元。

（三）要求：
1. 编制上述与固定资产改扩建有关业务的会计分录。
2. 计算改扩建后的固定资产下一年应计提的折旧额。

实务操作(7-3)

(一) 目的: 练习购建需要安装的固定资产的增加、折旧、报废的核算。
(二) 资料: 某企业发生如下经济业务:

1. 购买设备一台,价款为 702 000 元,增值税税率为 13%,增值税税额经认证准予抵扣,款项以银行存款支付,需要进行安装。
2. 购买材料 170 000 元,增值税税额为 22 100 元,经认证准予抵扣,款项以银行存款支付,材料全部用于安装工程。
3. 应付安装人员工资 228 000 元。
4. 当年末安装完毕交付生产车间使用。
5. 该设备预计使用 10 年,净残值率为 5%,采用直线法计提折旧。
6. 该设备交付使用后第 4 年年末因毁损报废,在清理中,支付清理费 2 000 元,收到残料变价收入款共计 10 000 元。按规定计算报废固定资产应转出增值税进项税额为 109 120 元。

(三) 要求: 编制上述有关业务的会计分录。

实务操作(7-4)

(一) 目的: 练习自行建造的固定资产的核算。
(二) 资料: 某企业发生如下经济业务:

1. 企业自行建造集体福利用房屋一座,购入为工程准备的各种物资 200 000 元,支付增值税税额 26 000 元,实际领用工程物资(含增值税) 214 700 元,剩余物资转作企业生产用原材料,另外还领用了生产用原材料一批,实际成本为 20 000 元,应转出增值税 2 600 元;分配工程人员工资 26 000 元,企业辅助生产车间为工程提供有关劳务支出 12 300 元,工程完工交付使用。
2. 某企业 20××年年初自行建造生产车间一幢,购入工程物资 700 000 元,增值税税额 91 000 元,款项以银行存款付清,工程物资全部投入建造生产车间工程使用。用银行存款支付某建筑公司施工费用 300 000 元,增值税税额 27 000 元。分配本企业工程人员工资 50 000 元。年末工程完工交付使用。按规定与建造生产车间相关的增值税进项税额准予抵扣。

(三) 要求:
1. 计算工程完工交付使用时固定资产的入账价值。
2. 编制有关会计分录。

实务操作(7-5)

(一) 目的: 练习接受捐赠的固定资产增加、折旧、处置的核算。
(二) 资料: 甲公司为增值税一般纳税人,从 20××年起有关固定资产业务的资料如下:

上一年 12 月 10 日,收到捐赠的需要安装的新设备一台。捐赠方提供的有关凭据标明,该设备的价值为 3 200 万元,增值税税额 416 万元经认证准予抵扣。在该设备安装过程中,发生安装费用 238 万元,以银行存款支付。上一年 12 月 31 日,该设备安装工程完工并交付使用。该设备预计使用年限为 5 年,预计净残值为 120 万元,采用年数总和法计提折旧。

第四年 6 月 20 日,将该设备出售,收到价款 500 万元,增值税税额为 65 万元,款项存入银行。另以银行存款支付清理费用 0.6 万元。

(三) 要求:
1. 编制设备捐赠、安装和交付使用的会计分录。
2. 计算该设备 20××年、第二年、第三年、第四年应计提的折旧额。
3. 计算出售该设备的净损益。
4. 编制出售该设备的会计分录。

实务操作(7-6)

(一) 目的: 练习固定资产盘盈、投资者投入、处置和出租的核算。

(二) 资料: 甲公司为增值税一般纳税企业,20××年度发生下列经济业务:

1. 盘盈一台设备,同类固定资产的市场价格为 50 000 元,成新率为 60%。

2. 接受 B 公司投入一台设备,投资合同确认的价值为 100 000 元,相关的增值税税额为 13 000 元,经认证准予抵扣,确认的投资股本为 85 000 元。

3. 出售一台机器设备,该设备账面原价为 400 000 元,已提折旧 80 000 元,出售时用银行存款支付清理费用 1 000 元,收到设备变价收入 300 000 元,增值税税额为 39 000 元,款项存入银行,结转出售设备的净损益。

4. 甲公司以经营租赁的方式出租一台机器设备,租期为一年。该设备原值为 400 000 元,确定的折旧年限为 20 年,已计提折旧 12 年。一年的租金为 22 000 元,相关增值税税额为 2 860 元,租赁开始时一次交清。

(三) 要求: 根据上述业务,编制相关的会计分录。

第八章 无形资产和其他资产

学 习 指 导

一、主要参考法规索引

1.《企业会计准则第 6 号——无形资产》(2006 年 2 月 15 日财政部发布,自 2007 年 1 月 1 日起施行)。

2.《企业会计准则第 6 号——无形资产》(应用指南)。

3.《企业会计准则解释第 11 号》(2017 年 6 月 12 日财政部发布,自 2018 年 1 月 1 日起施行)。

4.《中华人民共和国增值税暂行条例》(2008 年 11 月 10 日国务院发布,自 2009 年 1 月 1 日起施行;2017 年 11 月 19 日进行第二次修订;2018 年 4 月 4 日和 2019 年 3 月 20 日两次对部分税率进行了降低调整)。

二、学习要点

1. 无形资产的概念。
2. 无形资产的确认和计价。
3. 无形资产的核算。
4. 长期应收款项的核算。
5. 持有待售资产的核算。
6. 使用权资产的核算。

三、重点、难点问题

1. 无形资产取得、摊销的核算。
2. 无形资产出售(处置)的核算。
3. 长期应收款项与未实现融资收益的核算。
4. 使用权资产的核算。

习题与实训

一、填空题

1. 无形资产是指企业拥有或者控制的_____的可辨认_____。
2. 企业的无形资产一般分为_____、_____、_____、_____和_____。
3. 企业自行开发无形资产成本的确定,应当区分_____与_____。
4. 无形资产摊销时,应按计算的摊销额借记_____账户,贷记_____账户。
5. 无形资产出租收入应记入_____账户,其出租成本应记入_____账户。
6. 企业的其他资产主要包括_____、_____、_____。
7. 其他长期资产一般包括_____、_____和_____等。

二、判断题

1. 企业出租的无形资产,应当按照有关收入确认原则确认所取得的租金收入;同时确认出租无形资产的相关费用,并结转无形资产的摊余价值。（　　）
2. 企业自行研发的无形资产的成本,是指符合资本化条件的研发支出,不包括费用化的研发支出。（　　）
3. 企业至少应当于每年年度终了,对使用寿命有限的无形资产的使用寿命及摊销方法进行复核。无形资产的使用寿命及摊销方法与以前估计不同的,应当改变摊销期限和摊销方法。（　　）
4. 企业出售无形资产,应将所得价款与该项无形资产的账面价值之间的差额,计入当期其他业务利润。（　　）
5. 无形资产预期不能为企业带来经济利益的,应当将该无形资产的账面价值予以转销。（　　）
6. 企业购入的土地使用权,待该项土地开发时,将其价值转入相关在建工程。（　　）
7. 企业会计制度规定,无形资产应当自取得月份的下一个月起在预计使用年限内平均摊销。（　　）
8. 已经计入各期费用的研究与开发支出,在该项无形资产研制成功并依法申请取得专利权时,不得再将原已计入费用的研究与开发支出资本化。（　　）
9. 投资者投入无形资产的成本,应当按照投资方无形资产的账面价值确定。（　　）
10. 长期应收款项是指企业销售商品后较长时间尚未收回的款项。（　　）

三、单项选择题

1. 企业确认的无形资产减值,应计入(　　)。
   A. 资产减值损失　　　　　　B. 管理费用
   C. 坏账准备　　　　　　　　D. 其他业务成本
2. 企业接受捐赠的无形资产,借记"无形资产"账户的依据是(　　)。
   A. 确定的价值　　　　　　　B. 确定的价值减去未来应交所得税
   C. 确定的价值加上相关税费(增值税除外)　　D. 确定的价值加上未来应交所得税

3. 无形资产出租收入应缴纳的增值税应计入（　　）。
   A. 营业外支出　　　　　　　　　B. 应交税费——应交增值税（销项税额）
   C. 其他业务成本　　　　　　　　D. 管理费用

4. 企业购入的土地使用权，按规定支付的土地出让金，应当（　　）。
   A. 计入固定资产成本　　　　　　B. 作为无形资产处理
   C. 作为当期费用处理　　　　　　D. 作为长期待摊费用处理

5. 企业筹建期间发生的费用，应记入（　　）账户。
   A. "长期待摊费用"　　　　　　　B. "管理费用"
   C. "无形资产"　　　　　　　　　D. "营业外支出"

6. 无形资产预期不能为企业带来经济利益时，应予以报废，其账面价值应列入（　　）。
   A. 营业外支出　　　　　　　　　B. 管理费用
   C. 其他业务成本　　　　　　　　D. 长期待摊费用

7. 接受投资者投入的无形资产，应按（　　）入账。
   A. 同类无形资产的价格
   B. 该无形资产可能带来的未来现金流量之和
   C. 投资合同约定的价值
   D. 投资者的账面价值

8. 自创并经法律程序申请取得的无形资产，在研究过程中发生的费用支出应计入（　　）。
   A. 管理费用　　　　　　　　　　B. 无形资产
   C. 其他业务成本　　　　　　　　D. 销售费用

9. 某企业出售一项3年前取得的专利权，该专利权取得时的成本为40万元，按10年摊销，出售时取得收入40万元，增值税税率为6%。不考虑城市维护建设税和教育费附加，则出售该项专利时影响当期的损益为（　　）万元。
   A. 9.6　　　　B. 38　　　　C. 12　　　　D. 28

10. 企业出售无形资产发生的净损失，应计入（　　）。
    A. 资产处置损益　　　　　　　　B. 其他业务成本
    C. 主营业务成本　　　　　　　　D. 管理费用

11. 甲企业20××年1月15日购入一项计算机软件程序，价款为800万元，其他税费为10万元，预计使用寿命为5年。第二年12月31日，该无形资产的可收回金额为505万元，则第二年12月31日该项无形资产的账面价值为（　　）万元。
    A. 505　　　　B. 486　　　　C. 578.57　　　　D. 498

12. 企业出租无形资产取得的收入，应当计入（　　）。
    A. 主营业务收入　　　　　　　　B. 其他业务收入
    C. 投资收益　　　　　　　　　　D. 营业外收入

13. 某企业研制一项新技术，该企业在此项技术开发过程中支付材料费10 000元，支付人工费20 000元。研究成功后申请获得专利权，在申请专利的过程中发生专利登记费50 000元，律师费5 000元。该项专利权的入账价值为（　　）元。
    A. 55 000　　　　　　　　　　　B. 85 000
    C. 80 000　　　　　　　　　　　D. 50 000

14. 自创并经法律程序申请取得的无形资产,其资本化的开发费应计入( )。
   A. 管理费用　　　　　　　　　　B. 无形资产
   C. 其他业务成本　　　　　　　　D. 销售费用

15. 某公司20××年成立,发生如下开办成本:登记注册费4 000元,有关人员工资支出2 000元,其他费用1 000元。该公司20××年3月开始营业,当年应摊销筹建费( )元。
   A. 1 400　　B. 0　　C. 7 000　　D. 700

16. 自用无形资产的摊销,一般都应计入( )。
   A. 制造费用　　B. 财务费用　　C. 销售费用　　D. 管理费用

17. 按照现行会计制度的规定,下列各项中,股份有限公司应作为无形资产入账的是( )。
   A. 开办费
   B. 广告费
   C. 为获得土地使用权支付的款项
   D. 研究开发新技术过程中发生的研究费

18. 企业出售无形资产取得的净收益应计入( )。
   A. 资产处置损益　　　　　　　　B. 其他业务收入
   C. 冲减管理费用　　　　　　　　D. 主营业务收入

19. 某企业将所拥有的一项专利权出售,取得收入30 000元,应交增值税1 800元,该专利权的账面余额为35 000元,已经计提减值准备4 000元,该企业此项业务应记入( )。
   A. "营业外支出——出售无形资产损失"账户6 500元
   B. "资产处置损益——处置无形资产损益"账户1 000元
   C. "其他业务收入"账户30 000元,"其他业务成本"账户31 000元
   D. "其他业务收入"账户30 000元,"其他业务成本"账户32 500元

20. 下列有关无形资产会计处理的表述中,错误的是( )。
   A. 企业取得的已作为无形资产确认的正在进行中的研究开发项目,发生的开发支出不允许资本化
   B. 使用寿命不确定的无形资产不应进行摊销
   C. 不能为企业带来经济利益的无形资产的账面价值应全部转入营业外支出
   D. 只有很可能为企业带来经济利益且其成本能够可靠计量的无形资产才能予以确认

四、多项选择题

1. 下列各项属于其他长期资产的有( )。
   A. 特准储备物资　　　　　　　　B. 银行冻结存款和冻结物资
   C. 涉及诉讼中的财产　　　　　　D. 长期负债费用
   E. 长期应收款项

2. 下列应列入管理费用的项目有( )。
   A. 开办费摊销　　　　　　　　　B. 自用无形资产摊销
   C. 出售无形资产的账面价值　　　D. 报废无形资产的账面价值
   E. 出租无形资产应负担的费用

3. 下列各项中,企业应确认为无形资产的有( )。
   A. 吸收投资取得的土地使用权
   B. 购买的土地使用权
   C. 自行开发并按法律程序申请取得的无形资产
   D. 无偿划拨取得的土地使用权
   E. 自行研发无形资产研究阶段支出

4. 企业出售无形资产可能应用的核算账户有( )。
   A. "其他业务收入"   B. "管理费用"
   C. "资产处置损益"   D. "应交税费"
   E. "其他业务支出"

5. 以下各项属于其他资产的有( )。
   A. 采用递延方式具有融资性质的销售商品产生的应收款项
   B. 融资租赁业务产生的应收款项
   C. 销售商品后较长时间内未收回的款项
   D. 因合同纠纷而长期未收回的款项
   E. 其他长期不能收回的应收款项

6. 持有待售资产核算中可能应用的账户有( )。
   A. 持有待售资产   B. 累计折旧
   C. 持有待售资产减值准备 D. 资产减值损失
   E. 待处理财产损益

7. 使用权资产的初始计量成本包括( )。
   A. 租赁负债的初始计量金额   B. 租赁开始日支付的租赁付款额
   C. 承租人发生的初始直接费用 D. 承租人移除租赁资产发生的成本
   E. 承租人对租赁资产的修理费用支出

五、名词解释

1. 无形资产   2. 非专利技术
3. 银行冻结存款   4. 长期待摊费用
5. 特种储备物资   6. 持有待售资产
7. 使用权资产

六、思考题

1. 一般情况下,企业如何对无形资产进行分类?
2. 如何确定无形资产的入账价值?
3. 如何进行无形资产取得、摊销业务的核算?
4. 如何对长期应收款项进行核算?
5. 其他长期资产包括哪些内容,如何进行会计核算?
6. 持有待售资产如何进行核算?
7. 使用权资产如何进行核算?

七、实务操作题

实务操作(8-1)

（一）目的：练习无形资产增加的核算。

（二）资料：某企业发生如下有关无形资产的经济业务：

1. 从技术市场购入一项专利权，买价为 200 000 元，增值税为 12 000 元，经认证准予抵扣，注册费、律师费等为 10 000 元，价款均以银行存款支付。该项专利权购入后立即投入使用。

2. 接受甲公司以某项商标权向本企业投资，投资合同约定价值为 200 000 元，相关的增值税为 12 000 元，经认证准予抵扣。该项商标权投入使用。

3. 自行研制专利权取得成功，并已申请取得专利权。本月发生开发费用共 100 000 元（资本化支出），其中：领用库存原材料 60 000 元，应付人员工资 20 000 元，以银行存款支付其他费用 20 000 元。发生专利登记费 15 000 元，以银行存款支付（资本化支出）。该项专利已投入使用。

4. 出租商标权取得收入 50 000 元存入银行，收取增值税 3 000 元，款项全部存入银行，以银行存款支付出租无形资产的相关费用 10 000 元。

（三）要求：根据上述经济业务，编制有关会计分录。

实务操作(8-2)

（一）目的：练习无形资产增加、摊销及计提减值准备的核算。

（二）资料：20××年 1 月 1 日，甲企业外购 A 无形资产，实际支付价款 60 万元，另支付增值税 36 000 元，经认证准予抵扣。A 无形资产的使用寿命为 5 年。第二年 12 月 31 日，由于与 A 无形资产相关的经济因素发生了不利变化，因此 A 无形资产价值减值。其可收回金额为 21 万元。

第四年 12 月 31 日，甲企业发现，导致 A 无形资产在第二年发生减值损失的不利经济因素已全部消失，且此时估计 A 无形资产的可收回金额为 20 万元。假定不考虑所得税费用及其他相关税费的影响。

（三）要求：编制从无形资产购入至无形资产使用期满相关业务的会计分录。

实务操作(8-3)

（一）目的：练习无形资产增加、摊销及处置的核算。

（二）资料：A 企业 20××年 1 月 1 日从 B 企业购入一项专利的所有权，以银行存款支付买价和有关费用合计 120 万元，支付增值税 7.2 万元，经认证准予抵扣。该专利的使用寿命为 10 年，假定 A 企业于年末一次计提全年无形资产摊销。第四年 1 月 1 日，A 企业将上述专利权出售给 C 企业，取得收入 106 万元，收取增值税 6.36 万元，款项全部存入银行。

（三）要求：

1. 编制 A 企业购入专利权的会计分录。

2. 计算该项专利权的年摊销额并编制有关会计分录。

3. 编制该项专利权出售的有关会计分录。

实务操作(8-4)

(一) 目的：练习无形资产出租、计提减值准备、持有待售资产和使用权资产的核算。

(二) 资料：A 公司 20××年度发生下列经济业务：

1. 出租一项专利权，取得租金收入 10 万元，增值税 6 000 元，收到款项存入银行。

2. 对一项无形资产计提减值准备 5 万元。

3. 10 月 10 日，将一项原值 50 000 元，按 10 年计提摊销、已摊销 6 年的无形资产转入持有待售资产，11 月 30 日，其公允价值为 18 000 元，12 月 31 日，上述无形资产未能出售不再划分为持有待售资产，当日可收回金额为 700 万元。

4. 丙企业自 20××年 1 月 1 日起，从甲公司租入一套生产设备，合同约定如下：设备租期为 3 年，第三年的 12 月 31 日为租期终止日。租赁期内，每年年末向甲公司支付固定租赁费用 10 000 000 元。在租赁开始日支付初始直接费用 193 960 元。甲公司对设备提供的担保余值预计支付 800 000 元。已知增量借款利率为 8％。丙企业租赁期结束是否取得设备所有权不确定。在租赁期内采用直法计算设备折旧。

(三) 要求：编制上述业务的会计分录。

实务操作(8-5)

(一) 目的：练习长期应收款项的核算。

(二) 资料：甲公司 20××年度发生以下经济业务：

1. 1 月 1 日以分期收款方式销售给 A 企业一批商品，其成本 2 000 万元，合同约定的销售价格 3 000 万元，分 3 次于每年 12 月 31 日等额收取。在现销方式下该批商品的销售价格(公允价值)为 2 400 万元。甲企业于发出商品时开出增值税专用发票，注明增值税为 390 万元，并于当天收到增值税。

2. 甲公司出租给丙企业一套生产设备，合同约定主要条款如下：

出租生产设备的账面价值与公允价值相同。租赁期自 20××年 1 月 1 日起至第三年 12 月 31 日止，共计 3 年。在租赁期内，每年年末收取固定租金款 10 000 000 元。该生产设备的余值预计为 1 200 000 元，丙提供了担保余值应收取的款项 800 000 元，未担保余值为 400 000 元。甲企业的租赁内含利率为 8％。

(三) 要求：编制上述业务的会计分录。

第九章 流动负债

学习指导

一、主要参考法规索引

1.《企业会计准则——基本准则》(2006 年 2 月 15 日财政部发布,自 2007 年 7 月 1 日起施行。2014 年根据财政部令第 76 号对个别条款进行了修订)。

2.《企业会计准则第 9 号——职工薪酬》(2014 年 1 月 27 日财政部修订发布,自 2014 年 7 月 1 日起施行)。

3.《企业会计准则第 9 号——职工薪酬》(应用指南)。

4.《企业会计制度》(2000 年 12 月 29 日财政部发布,自 2001 年 1 月 1 日起施行)。

5.《中华人民共和国增值税暂行条例》(2008 年 11 月 10 日国务院发布,自 2009 年 1 月 1 日起施行;2017 年 11 月 19 日进行第二次修订;2018 年 4 月 4 日和 2019 年 3 月 20 日两次对部分税率进行了降低调整)。

6. 财政部关于印发《增值税会计处理规定》的通知(2016 年 12 月 8 日下发,自下发之日起施行)。

二、学习要点

1. 流动负债的概念与分类。
2. 短期借款的核算。
3. 应付账款的核算(有现金折扣和无现金折扣两种情况)。
4. 应付票据的核算(不带息和带息两种情况)。
5. 应付职工薪酬的核算。
6. 应交税费的核算。
7. 预收账款和其他应付款项的核算。

三、重点、难点问题

1. 应付账款的核算。

2. 不带息应付票据的核算。
3. 应付职工薪酬的核算。
4. 应交增值税的核算。

习题与实训

一、填空题

1. 企业的负债按照流动性分为_____与_____两类。
2. 流动负债按偿付手段,可以分为_____和_____;按流动负债的形成方式,可以分为_____、_____和_____;按流动负债的应付金额是否确定,可以分为_____、_____和_____。
3. 我国企业会计制度规定,流动负债按_____计价。
4. 如果短期借款利息按期支付(如按季度),或者利息是在借款到期归还本金时一并支付,且数额较大,可以采用_____办法按月计算已发生的利息费用。
5. 对确实无法支付的应付账款,报经批准后记入_____账户。
6. 在购货条件带有现金折扣的情况下,一般有_____和_____两种做法,我国现行企业会计制度规定采用_____。
7. 票据到期不能偿付票款时,按应付票据票面金额借记"应付票据"账户,如果是商业承兑汇票,按票面金额贷记_____账户,如果是银行承兑汇票,则贷记_____账户。
8. 目前,国家规定的工资总额由_____、_____、_____、_____以及_____等几个部分组成。
9. 按照医务及福利部门人员工资计提的福利费应计入_____,以保证应付福利费的足额计提。
10. 应交税费除指企业应向国家缴纳的各种税金外,还包括_____、_____等。
11. 增值税的纳税人可分为_____和_____两类。
12. 一般纳税企业应纳增值税的基本计税方法是,以企业当期_____抵扣当期_____后的余额,即为企业当期应纳的增值税。
13. "应交税费——应交增值税"账户的借方栏目有_____、_____、_____、_____和出口抵减内销产品应纳税额,贷方栏目有_____、_____和_____。
14. 企业职工薪酬包括_____、_____、_____和_____。
15. 离职后福利计划包括_____和_____。
16. 增值税的课税对象包括物和行为,在实际工作中课税对象统称为征税范围,具体内容为:_____、_____、_____和_____等。

二、判断题

1. 在会计实务中,各项流动负债一般按未来应付金额的现值计量。( )
2. 采用总价法,应付账款应按未扣除现金折扣的总价记账,若企业提前付款而获得现金折扣时,应作为所购货物或劳务成本的减少处理。( )

3. 商业承兑汇票到期时,如果付款人的银行存款不足支付,银行将把票据退还收款人,由其自行解决。( )
4. 根据我国现行的《支付结算办法》规定,在银行开立存款账户的法人以及其他组织之间,必须具有真实的交易关系或债权债务关系,才能使用商业汇票的结算方式。( )
5. "应付职工薪酬——职工福利"是一个期间费用账户。( )
6. 小规模纳税企业不论是否取得增值税专用发票,其支付的增值税都不得从销项税额中抵扣。( )
7. 委托加工应税消费品收回后,如用于继续加工生产应税消费品的,其由受托方代扣代交的消费税,应计入委托加工产品的成本中。( )
8. 企业进行利润分配时,宣告发放的现金股利和股票股利,均形成企业对股东的一项流动负债。( )
9. 或有负债不论作为潜在义务,还是现实义务,均应作为负债予以确认。( )
10. 小规模纳税企业缴纳增值税时,不通过"应交税费"账户核算。( )
11. 纳税人提供交通运输、邮政、建筑、不动产租赁服务等,实行的增值税税率为9%。( )
12. 销售服务是指提供交通运输服务、邮政服务、电信服务、建筑服务、金融服务、现代服务、生活服务等。( )

三、单项选择题

1. 负债是企业权益的一个组成部分,属于( )。
   A. 债权人权益　　B. 债务人权益　　C. 所有者权益　　D. 股东权益
2. 下列不属于流动负债的是( )。
   A. 预提费用　　B. 应交税费　　C. 预收账款　　D. 应付债券
3. 以下( )流动负债的金额需要根据企业的经营情况而定。
   A. 应付票据　　B. 其他应付款　　C. 应交税费　　D. 预提费用
4. 工会经费和职工教育经费属于( )的具体构成内容。
   A. 离职后福利　　　　　　　　B. 短期薪酬
   C. 辞退福利　　　　　　　　　D. 其他长期职工福利
5. 有些应付账款由于债权单位撤销或其他原因,使企业无法支付这笔应付款项,这笔无法支付的应付款项,应作为( )处理。
   A. 其他业务收入　B. 营业外收入　C. 资本公积　　D. 冲减管理费用
6. 在"应付票据"账户中核算的票据是指( )。
   A. 商业汇票　　B. 银行本票　　C. 银行汇票　　D. 支票
7. 商业汇票的承兑期限最长不得超过( )。
   A. 1个月　　　B. 3个月　　　C. 6个月　　　D. 9个月
8. 企业缴纳的( )不通过"应交税费"账户核算。
   A. 资源税　　　B. 印花税　　　C. 房产税　　　D. 消费税
9. 增值税暂行条例中规定的应税劳务是指( )。
   A. 交通运输　　B. 饮食服务　　C. 邮电通信　　D. 加工、修理及修配
10. 以下税种中,属于价外税的是( )。
    A. 增值税　　　B. 消费税　　　C. 城建税　　　D. 资源税

11. 下列各项属于增值税课税对象中的销售服务的是（　　　）。
    A. 有偿转让货物所有权　　　　B. 提供交通运输服务
    C. 受托加工货物　　　　　　　D. 提供加工修理修配服务
12. 下列各项属于现代服务构成内容的是（　　　）。
    A. 文化创意服务　　　　　　　B. 文化体育服务
    C. 旅游娱乐服务　　　　　　　D. 教育医疗服务

四、多项选择题

1. 应付职工薪酬中的离职后福利包括（　　　）。
   A. 职工福利费　　　　　　　　B. 设定提存计划
   C. 设定受益计划　　　　　　　D. 非货币性福利
   E. 短期利润分享计划
2. 企业按合同规定预收购货单位或接受劳务单位的款项，可以在（　　　）账户核算。
   A. "预收账款"　　　　　　　　B. "预付账款"
   C. "应收账款"　　　　　　　　D. "应付账款"
   E. "其他货币资金"
3. 一般纳税企业发生的（　　　），在"应交税费——应交增值税"账户贷方登记。
   A. 进项税额　　B. 销项税额　　C. 进项税额转出　　D. 已交税金
   E. 出口退税
4. 应作为其他应付款核算内容的有（　　　）。
   A. 存入的保证金　　　　　　　B. 应交的教育费附加
   C. 应补付的货款　　　　　　　D. 应付的赔偿金
   E. 应付经营活动外的暂收款
5. 工资总额的组成内容包括（　　　）。
   A. 奖金　　B. 津贴和补贴　　C. 生活困难补助　　D. 加班加点工资
   E. 洗理费
6. 企业按工资总额计提的应付福利费，可以用于（　　　）。
   A. 职工奖金　　　　　　　　　B. 职工生活困难补助
   C. 福利设施　　　　　　　　　D. 抚恤费
   E. 职工异地安家费
7. 一般纳税企业发生的（　　　），不计算销项税额。
   A. 以原材料对外投资　　　　　B. 将产成品用于职工福利
   C. 外购原材料毁损　　　　　　D. 将购进的原材料用于在建工程
   E. 将生产的产成品用于在建工程
8. 企业缴纳的（　　　），应记入"税金及附加"账户。
   A. 房产税　　B. 资源税　　C. 车船使用税　　D. 土地使用税
   E. 印花税
9. 企业应交城市维护建设税的多少与企业缴纳的（　　　）的多少有关。
   A. 增值税　　B. 消费税　　C. 印花税　　D. 资源税
   E. 房产税

10. 企业在生产经营过程中,购置商品、材料物资以及接受劳务供应而发生的流动负债有（　　）。
 A. 应付账款　　　B. 预收账款　　　C. 其他应付款　　　D. 长期借款
 E. 应付票据

11. 在短期薪酬中核算的社会保险费包括（　　）。
 A. 医疗保险费　　B. 工伤保险费　　C. 生育保险费　　D. 养老保险费
 E. 待业保险费

12. 职工短期薪酬包括（　　）。
 A. 职工工资　　　B. 职工福利费　　C. 职工教育经费　　D. 非货币性福利
 E. 工会经费

13. 增值税课税对象的销售服务中规定的交通运输服务包括（　　）。
 A. 陆路运输服务　B. 水路运输服务　C. 航空运输服务　　D. 管道运输服务
 E. 其他运输服务

14. 增值税课税对象的销售服务中规定的建筑服务包括（　　）。
 A. 工程服务　　　B. 安装服务　　　C. 修缮服务　　　　D. 装饰服务
 E. 其他建筑服务

15. 下列各项是"应交税费"账户下设置的明细账户的有（　　）。
 A. 待认证进项税额　B. 待转销项税额　C. 代扣代交增值税　D. 转出未交增值税
 E. 减免税款

16. 下列各项是"应交增值税"明细账户下设置的专栏的有（　　）。
 A. 进项税额　　　B. 已交税金　　　C. 销项税额抵减　　D. 销项税额
 E. 待抵扣进项税额

五、名词解释
1. 负债
2. 流动负债
3. 总价法
4. 净价法
5. 职工薪酬
6. 销项税额与进项税额
7. 消费税
8. 销售服务
9. 一般纳税人
10. 小规模纳税人

六、思考题
1. 什么是负债？流动负债具有什么特征？
2. 什么是流动负债？流动负债包括哪些内容？
3. 流动负债如何分类与计价？
4. 应付账款如何确认与计价？怎样进行核算？
5. 职工薪酬由哪些内容组成？如何进行应付职工薪酬的核算？
6. 什么是职工福利费？简述职工福利费的计提、使用与核算方法。
7. 一般纳税人与小规模纳税人增值税的计算与核算方法有何不同？
8. 简述增值税课税对象中销售服务的主要内容。

七、实务操作题

实务操作(9-1)

(一)目的:练习短期借款的核算。

(二)资料:某企业第二季度发生下列有关短期借款的经济业务:

1. 4月1日,短期借款账面余额为350万元;4月10日,从工商银行借入为期5个月的借款40万元,存入银行存款户。
2. 4月30日,按年利率3.6%计算提取本月应付利息。
3. 5月6日,以银行存款偿还到期的短期借款50万元;5月20日,又借入短期借款30万元,存入银行存款户。
4. 5月31日,按年利率3.6%计算提取本月应付利息。
5. 假设6月份未发生短期借款业务。月末,接到银行短期借款利息通知单,共支付本季利息33 600元。

(三)要求:根据上述资料,计算每月应付利息,并编制相关会计分录。

实务操作(9-2)

(一)目的:练习应付票据的核算。

(二)资料:某企业发生下列经济业务:

1. 3月1日,从甲企业购入A材料10万元,增值税税额为13 000元,经认证准予抵扣,签发并承兑为期6个月的商业汇票一张,票面面值为113 000元,汇票已交付对方。
2. 3月5日,签发一张面值为20万元的银行承兑汇票,期限为5个月,向银行申请承兑,交付0.5‰的承兑手续费。
3. 3月6日,将上述银行承兑汇票交付乙企业,以抵前欠货款。
4. 4月20日,3个月前交付丙企业的商业承兑汇票10万元已到期,支付票款。

(三)要求:根据上述经济业务,编制会计分录。

实务操作(9-3)

(一)目的:练习应付账款、预收账款和合同负债的核算。

(二)资料:部分企业发生下列经济业务:

1. 某企业从甲企业购进A材料20万元,增值税税率为13%,材料入库,托收凭证同日到达,除价税款外,对方代垫运费1 400元,运费的增值税税额为126元,审核无误,3日后承付。增值税税额经认证准予抵扣。
2. 月末,乙单位发来B材料,估价10万元入库,凭证未到。
3. 次月3日,乙单位托收凭证到达,托收金额共计115 289元,其中:货款10万元,增值税进项税额13 000元,经认证准予抵扣,代垫运费2 100元,运费的增值税税额为189元。审核无误,3日后承付。
4. 预收丙单位货款10万元,存入银行。
5. 向丙单位销售P产品15万元,增值税税率为13%,以银行存款为其代垫运费2 000(含增值税)元。
6. 丙单位交来欠款,存入银行。

7. 上月预收丁单位货款20万元,今向其发出Q产品12万元,增值税税率为13%,差额当即汇还对方。

8. 某公司经营连锁食品销售业务,为增值税一般纳税人。本年初共向客户销售了1 130张储值卡,每张面值10 000元。客户可在公司的任何一家门店使用储值卡消费。截至本年12月31日,客户使用储值卡消费的金额为5 650 000元。假定企业在实际收到款项时发生增值税纳税义务,增值税税率为13%。

(三)要求:根据上述经济业务,编制会计分录。

实务操作(9-4)

(一)目的:练习应付职工薪酬的核算。

(二)资料:某企业发生下列经济业务:

1. 分配本月职工工资:生产工人工资50 000元(本月A产品生产工时1 200个,B产品生产工时800个,按工时比例分配工资),车间管理人员工资8 000元,行政管理人员工资26 000元,营销人员工资28 000元。

2. 按照职工工资总额的10%、12%、2%和10.5%计提医疗保险费、养老保险费、失业保险费和住房公积金,根据上年实际发生的职工福利费情况,公司预计本年度应承担的职工福利费为职工工资总额的2%。公司分别按照职工工资总额的2%和1.5%计提工会经费和职工教育经费。

3. 发放本月工资,代扣个人所得税8 000元,其余转入个人储蓄账户。

4. 以现金报销职工李冰生活困难补助费800元,以银行存款支付职工培训学习费用2 000元,上缴提存的住房公积金和社会保险费。

5. 签发转账支票,支付职工异地安家费1 500元。

(三)要求:根据上述经济业务,编制会计分录。

实务操作(9-5)

(一)目的:练习应交增值税的核算。

(二)资料:部分企业为增值税的一般纳税人,发生下列有关经济业务:

1. 某企业购入甲材料一批入库,买价为40 000元,增值税专用发票注明进项税额5 200元,经税务机关认证可以抵扣销项税额。同时购入包装物一批,买价20 000元,增值税专用发票注明进项税额2 600元,暂未经税务机关认证。全部购入款以银行存款支付。

2. 某企业收购免税农产品,实际支付的买价为60 000元,收购的农产品已经验收入库,款项用银行存款支付。经认证按规定计算的增值税准予抵扣。

3. 某企业购入材料一批用于非增值税纳税项目,买价为200 000元,增值税进项税额为26 000元未经认证,全部款项以银行存款付清。

4. 某公司购入在建库房用物资一批入库,买价为300 000元,增值税专用发票注明进项税额39 000元,经认证购入准予抵扣。购入款以商业汇票支付。

5. 某公司购入丙材料一批验收入库,月末仍未取得增值税专用发票,本批材料协议购买价为50 000元。

6. 下月上旬收到购入丙材料的增值税专用发票,内列买价为51 000元,增值税税额为

6 630元,经认证准予抵扣,以银行存款付清价税款。

7. 某企业从某境外公司购入生产机器一台,买价为200 000元,增值税税额为26 000元,经认证准予抵扣。专用设备已验收使用,全部价款以银行存款支付。境外公司在境内未设有经营机构,按规定购买方为增值税的扣缴义务人。

8. 某公司销售A产品一批,销售价款为600 000元,适用的增值税税率为13%。提供设计收入为300 000元,广告服务收入为200 000元,适用的增值税税率为6%,价税款项全部存入银行存款户。

9. 某公司销售自建的库房一座,收取全部价款和价外费用8 000 000元,销售款收到存入开户。按规定该项销售属不动产,适用一般计税方法计税,按取得的全部价款和价外费用计算销售额计税,适用的增值税税率为9%。该库房为自建项目,建造成本共计700 000元。

10. 某城市轨道交通公司本期客运收入262 500元,按规定采用简易计税法计算缴纳增值税,假定适用的征收率为5%,款项收到存入银行。

11. 某公司销售一项不动产,收取全部价款和价外费用900 000元,销售款收到存入开户。该不动产购置时的成本为800 000元。按规定该项销售不动产可适用简易计税方法计税,纳税人应以取得的全部价款和价外费用减去该项不动产购置原价后的余额计税,假定适用的征收率为5%。

12. 某公司一项服务业务,服务收入为10 000元,增值税销项税额为600元,款项收到存入银行。按规定增值税务纳税义务发生时点为下期。

13. 某公司出售专用设备一台,价款共计50 000元,增值税税额为6 500元。按协议专用设备有3个月的试用期,其间如有问题可以退货。按税法规定该业务纳税义务发生时点为销售产品时。

14. 某公司将一批库存商品用于在建工程,该批库存商品的成本为17 000元,计税价格为20 000元,适用的增值税税率为13%(如将该批库存商品作为股利分配给股东,如何进行账务处理)。

15. 某企业一项科研项目,其研发费用中有部分支出允许扣减销售额。该部分支出为350 000元,适用的增值税税率为9%。

16. 某企业为增值税一般纳税义务人,购入B商品一批入库,买价共计100 000元,增值税进项税额13 000元,经认证可以抵扣,全部价款用银行存款支付。B商品用于出口销售,收取销售价款120 000元,按规定办理出口退税9 000元,销售价款和退税款存入银行(分别按未实行"免、抵、退"办法和实行"免、抵、退"办法进行账务处理)。

17. 甲公司愿为生产产品购买原材料一批,购买成本为40 000元,进项税额为5 200元,现将该批材料转作在建的集体福利工程项目使用。

18. 某企业本月记录的"应交税费——应交增值税"明细账户各专栏的数额为:
借方各专栏数额:

进项税额	85 000
销项税额抵减	15 000
减免税款	3 000
出口抵减内销产品应纳税额	7 000
合计	110 000

贷方各专栏数额:
销项税额   190 000
出口退税   13 000
进项税额转出   7 000
合计   210 000

本企业按要求已预交增值税18 000元,本月按规定缴纳当月应交增值税60 000元。

19. 某公司用银行存款支付初次购买增值税税控系统专用设备费用16 700元,已记入企业管理费用,现经认证准予抵扣增值税款。

20. 某企业为一小规模纳税人,本月购入各种材料110 000元,增值税税额14 300元,款项以银行存款支付。本月销售产品收入154 500元(含税),款项收到存入银行。

(三) 要求:根据上述经济业务,编制会计分录。

实务操作(9-6)

(一) 目的:练习应交消费税的核算。

(二) 资料:某企业发生下列经济业务:

1. 生产汽油,采用从量定额法计税。本月销售汽油10 000升,每升应交消费税0.20元。计算本月应交消费税并转账。

2. 生产卷烟,采用从价定率法计税,税率为40%。本月销售额(不含税)为300 000元,计算本月应交消费税并转账。

3. 该企业为小规模纳税人,生产化妆品,本月销售额10 000元(含税增值税征收率3%),消费税税率为30%,计算本月应交消费税并转账。

4. 委托某酒厂生产黄酒,单位税额为240元/吨,本月加工收回30吨,直接用于销售,计算本月应交消费税并转账。

5. 进口轿车一辆自用,价款为8万美元,当日汇率为1:6.0,设关税税率为20%,增值税税率为13%,消费税税率为8%,款项均以银行存款支付。

(三) 要求:根据上述经济业务,编制会计分录。

实务操作(9-7)

(一) 目的:练习应交其他税费和其他应付款项的核算。

(二) 资料:某企业发生下列经济业务:

1. 占地80 000平方米,按单位税额1元计算本年应交土地使用税并转账。

2. 购买印花税票4 000元。

3. 设本月应交增值税(主营业务)为100 000元,应交消费税为6 000元,按7%计算应交城市维护建设税并转账。

4. 根据上述资料,按3%计算应交教育费附加并转账。

5. 次月初缴纳上述各项税金及附加。

6. 设本期利润净额为36万元,按40%向投资者分配现金利润。

7. 次月,向各投资者支付股利。

8. 本年7月1日,经批准公开发行20 000 000元短期融资债券,期限为1年,票面年利率为5%,到期一次还本付息。公司将该短期融资债券指定为以公允价值计量且其变动计入当期损益的金融负债。该短期融资债券市场价格为20 600 000元。第二年6月30日,该短期融资债券到期兑付。

(三) 要求:根据上述经济业务,编制会计分录。

第十章 非流动负债

学 习 指 导

一、主要参考法规索引

1.《企业会计准则第 17 号——借款费用》(2006 年 2 月 15 日财政部发布,自 2007 年 7 月 1 日起施行)。

2.《企业会计准则第 17 号——借款费用》(应用指南)。

3.《企业会计准则第 21 号——租赁》(2006 年 2 月 15 日财政部发布,自 2007 年 7 月 1 日起施行)。2018 年 12 月 7 日重新修订,区分不同企业分别从 2019 年 1 月 1 日和 2021 年 1 月 1 日起施行。

4.《企业会计准则第 21 号——租赁》(应用指南)。

5.《企业会计准则第 22 号——金融工具确认和计量》(2017 年 3 月 31 日财政部修订发布,自 2018 年 1 月 1 日、2019 年 1 月 1 日、2021 年 1 月 1 日起施行)。

6.《企业会计准则第 22 号——金融工具确认和计量》(应用指南)。

7.《企业会计准则解释第 4 号》(2010 年 7 月 14 日财政部发布,自 2010 年 1 月 1 日起施行)。

二、学习要点

1. 非流动负债的意义、特点及分类。
2. 与非流动负债有关的借款费用。
3. 长期借款的账务处理。
4. 应付债券的账务处理。
5. 长期应付款项和租赁负债的账务处理。
6. 专项应付款的账务处理。
7. 预计负债的账务处理。

三、重点、难点问题

1. 借款费用的核算内容及核算原则。
2. 长期借款利息的核算。
3. 应付债券的利息费用的计量。
4. 应付债券的利息费用的账务处理。
5. 长期应付款项的账务处理。
6. 租赁负债的账务处理。

习题与实训

一、填空题

1. 非流动负债是指偿还期在_____的债务,包括_____、_____和_____等。
2. 对于长期借款发生的利息支出,应借记有关_____、_____等账户的同时,贷记_____、_____等账户。
3. 借款费用的基本内容包括因借款而发生的_____、_____、_____、_____四个方面。
4. 《企业会计准则第17号——借款费用》规定,借款费用应予资本化的资产是指需要经过相当长时间的构建或生产活动才能达到预定可使用或可销售状态的_____、_____和_____等资产。
5. 在固定资产的购置或建造活动中,如果发生了非正常中断,并且中断时间连续超过_____的,则中断期间所发生的借款费用应当暂停资本化。
6. 属于与购建固定资产有关的专门借款的借款费用,符合资本化条件的,应按借款费用核算的规定予以_____,计入相关资产的成本;否则应计入_____。
7. 债券的发行方式有三种,包括_____、_____、_____。
8. 实际利率法是指用_____和_____计算各期的利息费用的方法。
9. 企业在"应付债券"账户下设置_____、_____、_____等明细账户。
10. 长期应付款项主要包括_____、_____等。
11. 长期借款按付息方式可分为_____的长期借款和_____的长期借款。
12. 我国《企业会计准则第17号——借款费用》把借款分为_____和_____两部分。

二、判断题

1. 企业发行债券,当票面利率高于市场实际利率时,一般折价发行。（   ）
2. 企业在正常经营期内,除购建固定资产的专门借款以外所发生的借款费用,应计入当期损益。（   ）
3. 企业举借长期借款,不会影响企业原有的股权结构。（   ）
4. 当一项用借款建造的工程在较长时间内发生了非正常停工,其停工期间发生的借款费用,应计入该项工程成本中。（   ）

5. 债券溢价对发行者来说意味着将来多付利息而预先收到的补偿,对投资者来说意味着将来多收利息而预先付出的代价。（   ）

6. 折价发行的债券,计提利息并摊销折价时,确认利息费用的金额为应计利息与折价摊销额之和。（   ）

7. 对于固定资产借款发生的利息支出,在交付使用前发生的,应予资本化,将其计入固定资产的建造成本;在交付使用后发生的,则应作为当期费用处理。（   ）

8. 对于分期付息债券,若采用实际利率法对折价发行的债券费用进行摊销,因为债券的账面价值逐期增加,所以债券费用的摊销额逐期增加。（   ）

9. 溢折价方式发行的债券,企业采用实际利率法对债券费用进行摊销时,应付债券账面价值逐期减少或增加,应负担的利息费用也逐期减少或增加。（   ）

10. 超过正常信用条件延期付款购入的固定资产,实质上具有融资性质,应当按购买价款的现值作为固定资产的入账价值,长期应付款项与现值之间的差额确认为"未确认融资费用",并按直线法在相关会计期间进行摊销,计入当期损益。（   ）

三、单项选择题

1. 正常经营期间长期借款的利息及外币折算差额均应记入（   ）账户。
   A. "其他业务成本" B. "营业外支出" C. "财务费用" D. "销售费用"

2. 筹建期间非购建固定资产所发生的借款费用,应记入（   ）账户。
   A. "财务费用"   B. "销售费用"
   C. "管理费用"   D. "长期待摊费用"

3. 下列项目中,不属于非流动负债的是（   ）。
   A. 长期借款   B. 实收资本
   C. 应付债券   D. 租赁负债

4. 应付债券票面利率会影响债券的发行价格,假如债券是溢价发行,则票面利率（   ）。
   A. 等于发行时的市场实际利率   B. 高于发行时的市场实际利率
   C. 低于发行时的市场实际利率   D. 无法得出结论

5. 企业折价发行债券意味着（   ）。
   A. 将来多付利息而预先得到的补偿   B. 将来多付利息而预先付出的代价
   C. 将来少付利息而预先得到的补偿   D. 将来少付利息而预先付出的代价

6. 某股份有限公司于20××年1月1日发行3年期、每年1月1日付息、到期一次还本的公司债券,债券面值为200万元,票面利率为5%,实际利率为6%,发行价格为194.65万元。按实际利率法确认利息费用。该债券当年确认的利息费用为（   ）万元。
   A. 9.73   B. 12   C. 10   D. 11.68

7. 到期一次还本付息的长期借款的本金和利息调整,均应记入（   ）账户。
   A. "长期借款"   B. "应付债券"
   C. "其他应付款"   D. "应付利息"

8. A股份有限公司于20××年10月1日发行票面价值总额为100万元的公司债券,该债券票面利率为12%,期限为3年,面值发行(发行手续费略),到期一次还本付息。下一年6月30日,该公司应付债券的账面价值为（   ）万元。
   A. 100   B. 106   C. 109   D. 112

9. G 股份有限公司于 20×× 年 7 月 1 日发行票面价值为 100 万元的公司债券,共收到发行债券价款 120 万元(发行手续费略)。该债券票面利率为 10%,期限为 5 年。到期一次还本付息,利息调整采用直线法进行摊销。下一年 6 月 30 日,该公司应付债券的账面价值为(　　)万元。
  A. 116   B. 120   C. 126   D. 130

10. 某股份有限公司于 20×× 年 7 月 1 日发行票面价值为 100 万元的公司债券,共收发行债券价款 95 万元(发行手续费略)。该债券票面利率为 10%,期限为 5 年。到期一次还本付息,利息调整采用直线法进行摊销。下一年 6 月 30 日,该债券的账面价值为(　　)万元。
  A. 105   B. 106   C. 110   D. 115

四、多项选择题

1. 借款费用包括(　　)。
  A. 利息调整的摊销   B. 业务招待费
  C. 因借款而发生的利息   D. 辅助费用
  E. 因外币借款而发生的汇兑差额

2. 借款费用开始资本化的条件是(　　)。
  A. 借款费用已经发生
  B. 为使资产达到预定可使用或者可销售状态所必要的购建或者生产活动已经开始
  C. 固定资产已达到预定可使用状态或可销售状态
  D. 资产支出已经发生
  E. 借款合同已经签订

3. 下列各项,应作为长期应付款项核算的有(　　)。
  A. 应付在建工程人员工资
  B. 购入有关资产超过正常信用条件延期支付的价款
  C. 到期一次还本付息的债券利息
  D. 租入固定资产的应付租赁负债
  E. 签发跨年度的带息商业汇票

4. 企业购入有关资产超过正常信用条件延期支付的价款核算涉及的账户有(　　)。
  A. "营业外支出"   B. "固定资产"
  C. "管理费用"   D. "未确认融资费用"
  E. "长期应付款"

5. 长期借款发生辅助费用时,可能借记的账户有(　　)。
  A. "财务费用"   B. "长期待摊费用"
  C. "长期借款"   D. "在建工程"
  E. "待摊费用"

6. 下列利息支出中,不能予以资本化的是(　　)。
  A. 筹建期间发生的建造非固定资产的长期借款利息
  B. 清算期间发生的长期借款利息
  C. 为购建固定资产而发生的符合资本化条件的长期借款利息
  D. 固定资产建设非正常中断期间发生的长期借款利息
  E. 固定资产正常中断而发生的长期借款利息

7. 目前,我国企业的长期负债主要包括( )。
   A. 长期借款　　　　　　　　　B. 应付账款
   C. 应付债券　　　　　　　　　D. 长期应付款项
   E. 应交税费

8. 长期借款发生的利息费用,根据长期借款的使用方向,可以将其直接计入的项目有( )。
   A. 财务费用　　B. 在建工程　　C. 管理费用　　D. 营业外支出
   E. 长期待摊费用

9. 企业为了核算对外发行的公司债券,应当在"应付债券"账户下设置的明细账户有( )。
   A. "面值"　　　B. "利息调整"　　C. "应计利息"　　D. "溢折价"
   E. "交易费用"

10. 下列因素中,决定企业债券发行价格高低的有( )。
    A. 票面价值　　B. 票面利率　　C. 债券期限　　D. 市场利率
    E. 企业规模

五、名词解释

1. 借款费用　　　　　　　　　2. 长期借款
3. 应付债券　　　　　　　　　4. 长期应付款项
5. 租赁负债　　　　　　　　　6. 预计负债

六、思考题

1. 长期借款与短期借款在账务处理上有何差异?
2. 借款费用符合什么条件才能予以资本化?
3. 债券的发行价格与哪些因素有关?
4. 怎样运用实际利率法摊销应付债券的溢折价?

七、实务操作题

实务操作(10-1)

(一)目的:练习长期借款的核算。

(二)资料:A企业于20××年10月1日从建设银行借入资金8 000 000元,借款期限为3年,年利率为6%,不计复利,每年1月1—5日前支付上年度利息,到期还本时一并支付最后一年的利息。所借款项已存入银行。A企业用该借款于当日购买不需安装的设备一台,价款为7 800 000元,另支付运杂费及保险等费用200 000元,设备已于当日投入使用。

(三)要求:根据上述经济业务,编制与长期借款有关的会计分录。

实务操作(10-2)

(一)目的:练习平价发行债券的核算。

(二)资料:甲企业经批准于20××年1月1日发行2年期、面值总额为400万元、票面利率为6%的债券,发行时市场利率为6%,每年6月30日和12月31日为付息日。该债券所筹集的资金全部用于新生产线的建设,该生产线于20××年12月末完工交付使用。债券到期后偿还本金和最后一期利息。该债券发行时另用银行存款支付发行费用10 000元。假定生产线达到预定可使用状态前发生的借款费用和利息均符合资本化条件。

(三)要求:编制20××年1月1日、20××年6月30日、第二年6月30日、第二年12月31日的会计分录。

实务操作(10-3)

(一)目的:练习溢价发行债券的核算。

(二)资料:甲企业于20××年1月1日发行3年期的面值总额为4 000万元的企业债券用于工程建设,票面利率为6%,到期一次还本付息,债券发行价格为4 060万元(假定不考虑发行债券的辅助费用)。为了简化计算,假设债券溢折价采用直线法摊销,按年计息一次。假定20××年利息费用50%计入工程成本;第二年的全部利息费用均计入工程成本;第三年利息费用的40%计入工程成本。

(三)要求:编制甲企业债券发行、溢折价摊销、应计利息、到期还本付息业务的相关会计分录。

实务操作(10-4)

(一)目的:练习折价发行债券的核算。

(二)资料:甲企业于20××年1月1日发行4年期的面值总额为1 200万元的债券用于补充生产经营所需资金,票面利率为4%,到期一次还本付息,债券发行价格为1 160万元(假定不考虑发行债券的辅助费用)。为了简化计算,假设债券溢折价采用直线法摊销,按年计息一次。

(三)要求:根据上述经济业务,编制相关会计分录。

实务操作(10-5)

(一)目的:练习运用实际利率法摊销债券溢折价。

(二)资料:甲企业于20××年1月1日发行5年期的公司债券,面值总额为2 500万元,发行价格为2 000万元,票面利率为4.72%,每年年末支付利息,到期一次还本。发行债券所得款项用于补充企业流动资金。市场实际利率为10%。

(三)要求:

1. 计算每年应确认的利息费用及溢折价的摊销金额。
2. 对有关业务进行账务处理。

实务操作(10-6)

(一)目的:练习运用实际利率法摊销债券溢折价。

(二)资料:甲企业于20××年1月1日发行5年期的公司债券,面值总额为100万元,发行价格为107.43万元,票面利率为10%,每年年末支付利息,到期一次还本。发行债券所得款项用于补充企业流动资金。市场实际利率为8%。

(三) 要求：
1. 计算每年应确认的利息费用及溢折价的摊销金额。
2. 对有关业务进行账务处理。

实务操作(10-7)

(一) 目的： 练习长期应付款项的核算。

(二) 资料：

1. 20××年1月1日，A企业从甲公司购入一台需安装的大型设备，合同约定采用分期付款方式支付价款。增值税专用发票上标明该设备价款10 000 000元，增值税税额1 300 000元。20××年1月1日，A企业支付购买价款2 000 000元和增值税1 300 000元，其余价款8 000 000元分别从20××年起四年内，各年年末支付2 000 000元。20××年设备运达A企业开始安装，并于当年12月31日安装完毕并达到预定可使用状态，共发生安装费用526 220元，款项用银行存款支付。假定A企业折现率为10%，注：(P/A,10%,4)=3.169 9，不考虑其他因素。

2. 甲公司为加强企业管理，租用丙企业一套管理系统，租用期限为5年，每年租金为20 000元，每年年初用货币资金支付。甲公司预计将发生拆卸与恢复费用1 082元。租赁生产线的增量借款利率为5%。

(三) 要求： 根据上述资料对相关业务进行账务处理。

第十一章 所有者权益

学 习 指 导

一、主要参考法规索引

1.《企业会计准则——基本准则》(2006年2月15日财政部发布,自2007年7月1日起施行。2014年7月23日根据财政部第76号令,对个别条款进行了修订)。

2.《企业会计准则解释第2号》(2008年8月7日财政部发布,自发布之日起施行)。

3.《企业会计制度》(2000年12月29日财政部发布,自2001年1月1日起施行)。

4.《中华人民共和国公司法》(2013年12月28日全国人民代表大会常务委员会第六次会议修正,自2014年1月1日起施行)。

二、学习要点

1. 所有者权益的性质。
2. 所有者权益的来源及内容。
3. 所有者权益与负债的区别。
4. 实收资本与其他权益工具的核算。
5. 资本公积与其他综合收益的核算。
6. 盈余公积与专项储备的核算。
7. 未分配利润的核算。

三、重点、难点问题

1. 所有者权益的含义及构成内容。
2. 所有者权益与负债的区别。
3. 实收资本(或股本)、资本公积的核算。
4. 留存收益的核算。

5. 利润分配的程序。

习题与实训

一、填空题

1. 所有者权益是_____。
2. 所有者权益的来源包括所有者_____、_____和留存收益等。
3. 留存收益是指企业通过经营活动增加的所有者权益,可分为_____和_____两部分。
4. 所有者权益和负债的主要区别表现在_____、_____、_____和_____等方面。
5. 在股份有限公司中,所有者权益表现为_____、_____和_____。
6. 有限责任公司是指由_____个以下股东共同出资,每个股东以其认交的_____对公司承担_____责任,公司以其全部资产对其_____承担有限责任。
7. 股份有限公司普通股股东的基本权利有_____、_____、_____、_____和_____等。
8. 股份有限公司的设立分为_____和_____两种方式。
9. 直接计入所有者权益的利得和损失,是指不应该计入当期损益、会导致_____发生增减变动的、与所有者_____或者向所有者分配利润无关的利得或者损失。
10. 弥补亏损的渠道主要有_____、_____和_____等。
11. 实收资本(或股本)减少的途径有_____和_____等。
12. 盈余公积的用途主要有_____、_____和_____等。

二、判断题

1. 企业的实收资本也就是注册资本。（   ）
2. 企业的资本一经注册,不得再进行更改。（   ）
3. 所有者权益和负债都是企业资金的来源,两者不存在本质上的区别。（   ）
4. 优先股既有固定的股利收益,又有对公司管理的表决权。（   ）
5. 投资者投入企业的资金中,只有按投资者在企业注册资本比例计算的部分,才作为实收资本。（   ）
6. 企业溢价发行股票超过面值的部分,按现行制度规定记入"资本公积——股本溢价"账户。（   ）
7. 企业年度无利润,一律不得分配股利。（   ）
8. 公司发放股票股利并不影响企业的股东权益,只是改变了股东权益的结构。（   ）
9. 盈余公积是所有者权益的一部分,在必要时应将其全部分配给投资者。（   ）
10. 用一般盈余公积转增资本或弥补亏损,均不影响所有者权益总额的变化。（   ）
11. 不论以何种方式出资,投资者如在投资过程中违反投资合约,不按规定如期交足出资额,企业可以依法追究投资者的违约责任。（   ）

12. 企业收到投资者投入的资金,应全部记入"实收资本"或"股本"账户。（   ）

13. 某企业年初有未弥补亏损 100 万元,当年实现净利润 80 万元。按规定该企业当年不得提取盈余公积。（   ）

14. 企业以盈余公积向投资者分配现金股利,不会引起留存收益总额的变动。（   ）

三、单项选择题

1. 下列各项,能够引起企业所有者权益增加的是（   ）。
   A. 增发新股　　　　　　　　　　　B. 以资本公积转增资本
   C. 提取盈余公积　　　　　　　　　D. 提取公益金

2. 某企业年初所有者权益为 160 万元,本年度实现净利润 300 万元,以资本公积转增资本 50 万元,提取盈余公积 30 万元,向投资者分配现金股利 20 万元。假设不考虑其他因素,该企业年末所有者权益为（   ）万元。
   A. 360　　　　　B. 410　　　　　C. 440　　　　　D. 460

3. 甲股份有限公司委托乙证券公司发行普通股,股票面值总额为 4 000 万元,发行总额为 16 000 万元,发行费按发行总额的 2％计算（不考虑其他因素）,股票发行净收入全部收到。甲股份有限公司该笔业务记入"资本公积"账户的金额为（   ）万元。
   A. 4 000　　　　B. 11 680　　　　C. 11 760　　　　D. 12 000

4. 企业按规定发行股票实收款项大于股票面值的部分应计入（   ）。
   A. 实收资本　　　　　　　　　　　B. 资本公积
   C. 盈余公积　　　　　　　　　　　D. 未分配利润

5. 企业所有者权益在数量上等于（   ）。
   A. 企业流动负债减长期负债后的差额
   B. 企业流动资产减流动负债后的差额
   C. 企业长期负债减流动负债后的差额
   D. 企业资产价值减负债价值后的差额

6. 在股份有限公司,股东投入企业的资本金,应通过（   ）账户进行核算。
   A. "实收资本"　B. "资本公积"　C. "盈余公积"　D. "股本"

7. 股份有限公司发行股票的溢价收入应计入（   ）。
   A. 资本公积　　B. 实收资本　　C. 营业外收入　D. 盈余公积

8. 盈余公积是企业从（   ）中提取的公积金。
   A. 利润总额　　B. 税后净利润　C. 营业利润　　D. 税前利润

9. 企业由于按权益法核算股权投资对被投资单位因非盈利因素增加所有者权益而享有的价值属于所有者权益,在会计上记入（   ）账户。
   A. "股本"　　　　　　　　　　　　B. "实收资本"
   C. "其他综合收益"　　　　　　　　D. "盈余公积"

10. 下列各项中,不属于普通股基本权利的是（   ）。
    A. 投资表决权　　　　　　　　　　B. 要求返还资本权
    C. 剩余财产分配权　　　　　　　　D. 利润分配权

11. 某有限责任公司在增资扩股时,如有新投资者加入,新加入的投资者缴纳的出资额大于按约定比例计算的其在注册资本中所占的份额部分,应记入（   ）账户。

A. "实收资本" B. "未分配利润"
C. "盈余公积" D. "资本公积"

12. 某企业以前年度发生的亏损 10 000 元,按规定可以用以后年度利润弥补亏损,在用利润弥补以前年度亏损时应(　　)。
    A. 借记"利润分配——弥补以前年度亏损"账户,贷记"利润分配——未分配利润"账户
    B. 借记"盈余公积"账户,贷记"利润分配——其他转入"账户
    C. 借记"利润分配——弥补以前年度亏损"账户,贷记"应弥补亏损"账户
    D. 不作账务处理

13. 某股份有限公司以面值发行股票的情况下,为发行股票而支付的手续费、佣金及股票印制成本共计 3 万元,该费用应记入(　　)账户。
    A. "资本公积" B. "财务费用"
    C. "长期待摊费用" D. "其他业务成本"

14. 按现行制度规定,盈余公积金可以依法定的程序转增资本金,但转增资本金以后,(　　)。
    A. 企业法定盈余公积金不受限制
    B. 企业法定盈余公积金不得高于注册资本的 25%
    C. 企业法定盈余公积金不得低于注册资本的 25%
    D. 企业任意盈余公积金必须为零

15. 下列会计事项,会引起企业所有者权益总额发生变化的是(　　)。
    A. 从净利润中提取盈余公积 B. 用盈余公积弥补亏损
    C. 用盈余公积转增资本 D. 向投资者分配现金股利

16. 法定盈余公积金已达到注册资本的(　　)时可不再提取。
    A. 20% B. 25% C. 10% D. 50%

17. 某上市公司发行普通股 1 000 万股,每股面值为 1 元,每股发行价为 5 元,支付手续费 20 万元,支付咨询费 60 万元,该公司应记入"股本"账户的金额为(　　)万元。
    A. 1 000 B. 4 920 C. 4 980 D. 5 000

18. 某公司受到投资者投入的原材料一批,双方确认的价值为 400 000 元,经税务部门认定应交的增值税为 52 000 元,该公司已开具增值税专用发票,则该公司应记入"实收资本"账户的金额为(　　)元。
    A. 332 000 B. 434 000
    C. 400 000 D. 452 000

19. 20××年 1 月 1 日某企业所有者权益情况如下:实收资本 200 万元,资本公积 17 万元,盈余公积 38 万元,未分配利润 32 万元。则该企业 20××年 1 月 1 日的留存收益为(　　)万元。
    A. 32 B. 38 C. 70 D. 87

20. 股份有限公司采用溢价发行股票方式筹资,则其"股本"账户应记录的金额为(　　)。
    A. 实际收到的款项
    B. 实际收到的款项减去发行手续费、佣金等发行费用
    C. 股票市价与股票总数的乘积
    D. 股票面值与股票总数的乘积

21. 某企业年初未分配利润为100万元，本年净利润为1 000万元，按10%计提法定盈余公积，按5%计提任意盈余公积，宣告发放现金股利为80万元，该企业期末未分配利润为（　　）万元。
  A. 855   B. 867   C. 870   D. 874

22. 甲有限责任公司于20××年1月1日向乙公司投资1 500万元，拥有该公司25%的股份，并对该公司有重大影响，因而对乙公司长期股权投资采用权益法核算。20××年12月31日，乙公司净损益之外的所有者权益增加了500万元。假定除此之外，乙公司的所有者权益没有变化，甲有限责任公司的持股比例没有变化，乙公司资产的账面价值与公允价值一致，不考虑其他因素。则甲公司增加的其他综合收益为（　　）万元。
  A. 500   B. 375   C. 125   D. 250

23. 甲股份有限公司委托A证券公司发行普通股1 000万股，每股面值为1元，每股发行价为4元。根据约定，股票发行成功后，甲股份有限公司应按发行收入的2%向A证券公司支付发行费。如果不考虑其他因素，股票发行成功后，甲股份有限公司记入"资本公积"账户的金额应为（　　）万元。
  A. 20   B. 80   C. 2 920   D. 3 000

24. 某企业年初所有者权益总额为160万元，当年以其中的资本公积50万元转增资本。当年实现净利润300万元，提取盈余公积30万元，向投资者分配利润20万元。该企业年末所有者权益总额为（　　）万元。
  A. 360   B. 410   C. 440   D. 460

四、多项选择题

1. 下列项目属于留存收益的有（　　）。
  A. 其他综合收益   B. 法定盈余公积
  C. 任意盈余公积   D. 未分配利润
  E. 投入资本

2. 企业提取的盈余公积主要用于（　　）。
  A. 弥补亏损 B. 转增资本 C. 分配股利 D. 发放奖金
  E. 扩大企业生产经营

3. 盈余公积减少可能是由于（　　）。
  A. 用盈余公积对外捐赠   B. 用盈余公积转增资本
  C. 用盈余公积弥补亏损   D. 用盈余公积派发股利
  E. 扩大企业生产经营

4. 同时引起资产和所有者权益发生增减变化的项目有（　　）。
  A. 减少实收资本   B. 向投资者分配股票股利
  C. 用盈余公积弥补亏损 D. 投资者投入资本
  E. 提取盈余公积

5. 其他权益工具包括（　　）。
  A. 优先股   B. 其他综合收益
  C. 永续债   D. 未分配利润
  E. 普通股

6. 普通股股东一般具有（　　）。
   A. 表决权
   B. 收益优先分配权
   C. 优先认股权
   D. 对企业全部财产的要求权
   E. 账簿查阅权

7. 下列各项中,不会引起留存收益变动的有（　　）。
   A. 盈余公积补亏
   B. 计提法定盈余公积
   C. 盈余公积转增资本
   D. 计提任意盈余公积
   E. 投资者投入资本

8. 企业自行弥补亏损的合法渠道包括（　　）。
   A. 用以后年度税前利润弥补
   B. 用以后年度税后利润弥补
   C. 用盈余公积弥补
   D. 用其他综合收益弥补
   E. 用实收资本弥补

9. 企业的所有者权益包括（　　）。
   A. 实收资本
   B. 未分配利润
   C. 其他综合收益
   D. 盈余公积
   E. 现金股利

10. 公司增加资本的主要途径有（　　）。
    A. 将资本公积转增资本
    B. 将盈余公积转增资本
    C. 发行新股票
    D. 销售收入转增资本
    E. 投资者投入

11. 公司制企业减少资本的原因主要有（　　）。
    A. 投资者个人急需资金而抽走资本
    B. 投资者个人不愿继续投资而抽走资本
    C. 企业发生重大亏损减资
    D. 资本出现过剩减资
    E. 弥补亏损

12. 下列项目中,属于其他综合收益核算的内容有（　　）。
    A. 权益法下不能转损益的其他综合收益
    B. 重新计量设定受益计划变动额
    C. 金融资产重分类计入其他综合收益的金额
    D. 直接计入当期损益的利得
    E. 资本溢价款

13. 下列事项形成的其他综合收益,在处置相关资产时应转入当期损益的有（　　）。
    A. 其他债权投资公允价值变动
    B. 权益法下可转损益的其他综合收益
    C. 同一控制下控股合并中确认长期股权投资时形成的其他综合收益
    D. 外向财务报表折算差额
    E. 企业收到股东出资额中大于其按比例在注册资本中享有的份额

14. 下列仅影响所有者权益要素结构变动的项目有（　　）。
    A. 用盈余公积弥补亏损
    B. 用盈余公积转增资本
    C. 分配现金股利
    D. 分配股票股利
    E. 接受投资者投入的资本金

15. 下列事项中,可能引起资本公积发生变化的有( )。
   A. 用资本公积转增资本
   B. 采用权益法核算的长期股权投资
   C. 接受投资者投入的资金
   D. 与发行权益性证券直接相关的手续费、佣金等交易费用
   E. 直接计入所有者权益的利得和损失

16. 所有者权益来源于( )。
   A. 所有者投入的资本
   B. 发行债券
   C. 直接计入所有者权益的利得和损失
   D. 留存收益
   E. 利润分配

17. 下列项目中,投资者可以用来出资的有( )。
   A. 货币资金   B. 固定资产
   C. 无形资产   D. 长期待摊费用
   E. 短期借款

18. 下列各项中,会引起企业留存收益总额发生变动的有( )。
   A. 计提法定盈余公积   B. 向投资者宣告分配现金股利
   C. 本年度发生亏损   D. 提取任意盈余公积
   E. 所有者投入资本

19. 下列各项属于资本公积的有( )。
   A. 股本溢价   B. 盈余公积
   C. 未分配利润   D. 直接计入所有者权益的利得和损失
   E. 资本溢价

20. 企业吸收投资者出资时,下列会计账户的余额可能发生变化的有( )。
   A. "盈余公积"   B. "资本公积"
   C. "实收资本"   D. "利润分配"
   E. "固定资产"

五、名词解释

1. 所有者权益   2. 直接计入所有者权益的利得和损失
3. 注册资本   4. 投入资本
5. 资本公积   6. 法定盈余公积
7. 留存收益   8. 未分配利润
9. 有限责任公司   10. 股份有限公司
11. 现金股利   12. 股票股利
13. 其他综合收益

六、思考题

1. 简述所有者权益的含义及构成内容。

2. 简述所有者权益与负债的区别。
3. 简述有限责任公司的特点。
4. 简述设立股份有限公司应当具备的条件。
5. 简述留存收益的内容。
6. 实收资本(或股本)的增加和减少的途径有哪些?
7. 盈余公积增加和盈余公积减少的原因有哪些?
8. 简述普通股股东的基本权利。
9. 企业提取盈余公积的主要用途是什么?
10. 弥补亏损的渠道有哪些?
11. 企业当年实现的净利润一般应如何进行分配?
12. 其他综合收益的构成内容有哪些?

七、实务操作题

实务操作(11-1)

(一)目的:练习企业初次出资和增资情况下的账务处理。

(二)资料:甲公司某年某月发生部分经济业务如下:

1. 甲公司原由投资者 A 和投资者 B 共同出资成立,每人出资 200 000 元,各占 50% 的股份。

2. 甲公司经营两年后,投资者 A 和投资者 B 决定增加公司资本,此时有一个新的投资者 C 要求加入甲公司。经有关部门批准后,甲公司实施增资,将实收资本增加到 900 000 元。经三方协商,一致同意,完成下述投入后,三方投资者各拥有甲公司 300 000 元实收资本,并各占甲公司三分之一的股份。各投资者的出资情况如下:

(1) 投资者 A 以一台设备投入甲公司作为增资,该设备原价为 180 000 元,已提折旧 95 000 元,协商确认价值为 126 000 元,增值税专用发票注明增值税税额为 16 380 元,经认证准予抵扣。

(2) 投资者 B 以一批原材料投入甲公司作为增资,该批原材料确认价值为 110 000 元,税务部门认定应交增值税税额为 14 300 元,经认证准予抵扣。投资者 B 已开具了增值税专用发票。

(3) 投资者 C 以银行存款 390 000 元投入甲公司。

(三)要求:根据以上资料,分别编制甲公司接受各投资者初次出资和增资时的会计分录。

实务操作(11-2)

(一)目的:练习增加资本的账务处理。

(二)资料:

1. A 公司委托 B 证券公司代理发行普通股 2 000 000 股,每股面值为 1 元,按每股 1.20 元的价格发行。公司与受托单位约定,按发行收入的 3% 收取手续费,从发行收入中扣除。假如收到的股款已存入银行。

2. 某股份公司收到另一单位投资入股的一项工业产权和一台设备。工业产权确认的价值为 120 000 元,增值税税额为 7 200 元,经认证准予抵扣,换取面值为 1 元的普通股 8 万股;设备确认价值为 360 000 元,增值税税额为 46 800 元,经认证准予抵扣,换取面值为 1 元的普通股 24 万股。

3. A 有限责任公司由甲、乙二人共同投资设立,原注册资本为 20 000 000 元。甲、乙出资分别为 15 000 000 元和 5 000 000 元。为了扩大经营规模,经批准,A 公司按照原出资比例将资本公积 5 000 000 元转增资本。

4. 甲、乙、丙三人共同出资设立 A 有限责任公司,原注册资本为 5 000 000 元,甲、乙、丙持股比例为 40%、30%、30%。按照章程规定,甲、乙、丙分别投入资本为 2 000 000 元、1 500 000 元、1 500 000 元。

(1) 为扩大经营规模,经批准,A 公司注册资本扩大为 8 000 000 元,甲、乙、丙按照原出资比例分别追加投资 1 200 000 元、900 000 元和 900 000 元。A 公司如期收到甲、乙、丙追加的投资。

(2) 因扩大规模需要,经批准,A 公司按原出资比例将资本公积和盈余公积各 1 000 000 元转增资本。

5. 某公司经批准发行优先股股票 60 000 股,每股 50 元;另发行永续债券 40 000 份,每份 100 元,收取发行价款存入银行。

6. 继上述 5 提供的资料,公司计算应付优先股股利每股 0.7 元,应付永续债的利息 18 000 元。

7. 继上述 5 提供的资料,公司按规定将发行的优先股转作普通股,每股的公允价值 45 元。

(三) 要求:根据上述经济业务,编制会计分录。

实务操作(11-3)

(一) 目的:练习企业留存收益的会计处理。

(二) 资料:A 股份有限公司的股本为 100 000 000 元,每股面值为 1 元。20××年年初未分配利润为 80 000 000 元,20××年实现净利润 50 000 000 元。

假定公司按照 20××年实现净利润的 10%提取法定盈余公积,5%提取任意盈余公积,同时向股东按每股 0.2 元派发现金股利,按每 10 股送 3 股的比例派发股票股利。第二年 3 月 15 日,公司以银行存款支付了全部现金股利,新增股本也已经办理完股权登记和相关增资手续。

(三) 要求:作出 A 公司的相关账务处理。

实务操作(11-4)

(一) 目的:练习其他综合收益的账务处理。

(二) 资料:某企业 20××年发生下列经济业务:

1. 10 月 1 日,购入 A 公司发行的普通股票 10 000 股,每股 30 元,款项从银行存款中支付,该股票确认为其他权益工具投资。12 月 31 日,该股票的市价(公允价值)为每股 28 元。第二年 5 月 10 日将该股票出售,每股售价 40 元,款项收到存入银行。假定该企业法定盈余公积的提取比例为 10%。

2. 5 月 1 日,从股票市场购入 B 公司发行的普通股票 100 000 股,每股 5 元,购入股票价款从银行存款中付清。该股票确认为长期股权投资并按权益法核算,占 B 公司全部股权的

20%。12月31日获悉B公司本年度发生其他综合收益30 000元。第二年3月20日将该股票转让,每股6元,款项收到存入银行。

3. 1月1日,用银行存款购入B公司发行的公司债券3 000份,每份100元,期限5年,到期一次还本付息,票面年利息率为6%,按规定确认为其他债权投资。12月31日,该债券的市场价格为每份110元。第二年3月10日,将该债券转让,每份120元,价款收到存入银行。

(三)要求: 作出某企业相关的账务处理。

实务操作(11-5)

(一)目的: 练习其他权益工具和专项储备的账务处理。

(二)资料:

1. 丁公司经批准发行优先股股票20 000 000股,每股10元,共支付发行费用2 000 000元;另发行永续债券500 000份,每份100元,共支付发行费用100 000元,收取的发行价款存入银行。

2. 按照规定,丁公司计算应付优先股股利每股0.3元,应付永续债的利息为250 000元。

3. 按照规定,丁公司将发行的永续债重分类为固定期限的债券,公允价值为57 000 000元。

4. 假定丁公司以每股13元的价值将全部优先股回购,回购款全部从银行存款中支付。

5. 甲企业属大型采矿企业,根据国家规定按采矿吨位每吨20元,从成本中提取安全生产费。20××年3月31日,甲企业"专项储备——安全生产费"账户贷方余额为200万元。4月份计提安全生产费180万元,用银行存款支付安全生产费70万元,购入一套采矿安全防护设备,价款为800 000元,增值税为104 000元,价税款从银行存款中支付。

(三)要求: 根据上述经济业务,编制会计分录。

第十二章 收入和费用

学 习 指 导

一、主要参考法规索引

1.《企业会计准则第 14 号——收入》(2017 年 3 月 31 日财政部重新修订发布,自 2018 年 1 月 1 日起施行)。

2.《企业会计准则第 14 号——收入》(应用指南)。

3.《企业内部控制应用指引第 9 号——销售业务》(2010 年 4 月 15 日财政部发布,自 2011 年 1 月 1 日起首先在境内外同时上市的公司施行)。

4.《中华人民共和国增值税暂行条例》(2008 年 11 月 10 日国务院发布,自 2009 年 1 月 1 日起施行;2017 年 11 月 19 日进行第二次修订;2018 年 4 月 4 日和 2019 年 3 月 20 日两次对部分税率进行了降低调整)。

二、学习要点

1. 收入的概念与特征。
2. 收入的确认原则、条件和时间。
3. 收入的计量原则与主要影响因素。
4. 按时点确认收入的具体规定。
5. 按时点确认收入的类型与核算。
6. 按时段确认收入的具体规定。
7. 按时段确认收入的类型与核算。
8. 特定交易的类型与核算。
9. 合同成本的分类与核算。
10. 费用的分类、确认与计量。
11. 销售费用的内容与核算。
12. 管理费用的内容与核算。
13. 财务费用的内容与核算。

三、重点、难点问题

1. 收入的确认与计量。
2. 按时点和时段确认收入的核算。
3. 特定交易收入的核算。
4. 合同成本的分类与核算。
5. 费用的分类与确认。
6. 销售费用的核算。
7. 管理费用的核算。

习题与实训

一、填空题

1. 收入是指企业在日常活动中形成的,会导致_____增加的与_____无关的经济利益的总流入。
2. 收入可能表现为企业_____、_____、或两者兼有。
3. 取得相关商品的控制权是指能够_____该商品的使用,并从中获得_____的经济利益。
4. 合同具有商业实质是指履行该合同将改变企业未来_____、_____和_____。
5. 收入时间确认的原则要求是在履行了各_____时,_____其收入。
6. 企业应当按照_____各单项履约义务的_____计量收入。
7. 影响企业收入的主要因素包括合同中存在的_____、_____、_____和应付客户对价等。
8. 企业在某一时点履行的履约义务,应当在_____取得_____确认收入。
9. 企业在某一时段内履行的履约义务,相关的收入应当在该_____确认,并在该段时间内按照_____确认收入金额。
10. 合同成本是指企业在履行合同中可能发生的各项支出,主要包括_____和_____两类。
11. 《企业会计准则》规定,凡属于本期发生的费用,不论其款项是否在本期支付,均应_____;凡不属于本期发生的费用,即使其款项已在本期支付,也不应_____。
12. 费用按经济用途可分为_____和_____。
13. 产品展览费和广告费用属于_____内容。
14. 期间费用包括_____费用、_____费用和_____费用。
15. 产品生产费用包括_____、_____、_____和_____。
16. 企业发生的利息净支出、汇兑净损失、支付金融机构手续费等应计入_____。
17. 费用的特征表现为以下两个方面:_____和_____。
18. 企业计算确定的应交矿产资源补偿费借记_____账户,贷记_____账户。
19. 企业收到的银行存款利息借记_____账户,贷记_____账户。
20. 企业对外出租固定资产计提的折旧借记_____账户,贷记_____账户。

二、判断题

1. 收入既包括企业日常经营活动产生的收入,也包括偶发事项产生的收入。（　）
2. 合同是指双方或多方之间订立的有法律约束力的权利义务的协议。（　）
3. 合同变更是指经合同各方批准对原合同范围和价格作出的变更。（　）
4. 现行制度规定收入必须在收到商品销售价款时进行确认。（　）
5. 企业的收入应当按照各单项履约义务的合同协议价格进行计量。（　）
6. 市场调整法是指企业根据某商品或类似商品的市场售价考虑本企业的成本和毛利等进行适当调整后,确定其单独售价的方法。（　）
7. 合同折扣是指合同中各单项履约义务所承诺商品的单独售价之和高于合同交易价格的金额。（　）
8. 企业向客户转让商品时,不论是否满足收入的确认条件,均应在客户取得商品控制权时确认收入。（　）
9. 销售折扣是指企业因售出商品的质量不合格等原因而在售价上给予客户的减让。（　）
10. 销货退回不论发生在确认收入前还是确认收入后,均应冲减退回当月的收入。（　）
11. 具有融资性质的销售商品,企业应收取的合同协议价款与商品现销价格之间的差额,应在合同开始日一次转入当期损益。（　）
12. 视同买断的委托代销商品,委托方应在收到委托代销商品价款时确认收入。（　）
13. 企业在履约进度不能合理确定时,已经发生的成本预计能够得到补偿的,应当按照已经发生的成本金额确认收入,直到履约进度能够合理确定为止。（　）
14. 附有销售退回条件的商品销售,按照预期因销售退回将退还的金额确认负债,记入"合同负债"账户。（　）
15. 对于附有单项履约义务质保条款的销售,按收取的质保款记入"合同负债"账户。（　）
16. 对于售后回购的销售商品,应在销售商品时确认收入,回购商品时冲减收入。（　）
17. 客户未行使的权利是指企业向客户预收销售商品的款项后,客户有权要求企业履行转让商品义务的权利。（　）
18. 企业在合同开始日向客户收取的无需退回的初始费,不应当计入交易价格。（　）
19. 合同取得成本是指企业与客户签订合同会发生相关的增量成本。（　）
20. 合同成本可按规定计提减值损失,但减值损失一经确认不得转回。（　）
21. 企业发生的所有借款利息都作为财务费用处理。（　）
22. 制造费用与管理费用不同,本期发生的管理费用直接影响本期损益,而本期发生的制造费用不一定影响本期的损益。（　）
23. 销售费用属于期间费用,直接计入当期损益。（　）
24. 费用与成本既有联系又有区别,成本是费用的一个重要组成部分,费用中予以对象化的部分就是成本,成本是对象化的费用。（　）
25. 商品流通企业在进货过程中发生的运费数额较小的,可计入销售费用。（　）
26. 企业销售机构人员工资应计入管理费用。（　）
27. 企业为组织生产经营活动而发生的一切管理活动的费用,包括车间管理费用和企业

管理费用,都应作为期间费用处理。（　　）

28. 管理费用、销售费用、财务费用和制造费用均属于期间费用。（　　）

29. 企业的技术转让费、业务招待费无论发生在哪个部门,都应记入"管理费用"账户。（　　）

30. 费用的发生最终会导致企业资源或所有者权益的减少。（　　）

三、单项选择题

1. 企业采用分期收款方式销售商品,确认收入实现的时点是(　　)。
   A. 客户取得商品控制权时　　　　B. 开出销售发票时
   C. 合同约定的收款期　　　　　　D. 收到全部货款时

2. 甲公司20××年3月1日与客户签订了一项工程劳务合同,合同期为一年,合同总收入为200 000元,预计合同总成本为170 000元,至20××年年底,实际发生成本为136 000元。甲公司按实际发生成本占预计总成本的百分比确定履约进度。据此计算,甲公司20××年度应确认的劳务收入为(　　)元。
   A. 200 000　　B. 170 000　　C. 160 000　　D. 136 000

3. 企业在出售商品时附有退货条款的,按预期因销货退回将退还的金额贷记(　　)账户。
   A. "应付账款"　　　　　　　　　B. "其他应付款"
   C. "合同负债"　　　　　　　　　D. "预计负债"

4. 按照企业会计准则的规定,销货企业所发生的现金折扣应(　　)。
   A. 增加财务费用　　　　　　　　B. 冲减财务费用
   C. 增加销售成本　　　　　　　　D. 冲减销售成本

5. 某企业采用现金折扣方式销售商品一批,售价为50 000元,增值税税率为13%,付款条件是2/10、1/20、n/30,购货单位第35天付款可享受的现金折扣为(　　)元。
   A. 200　　　　　　　　　　　　　B. 100
   C. 0　　　　　　　　　　　　　　D. 300

6. 按照企业会计制度的规定,销货企业发生的销售折让应(　　)。
   A. 冲减主营业务收入　　　　　　B. 增加财务费用
   C. 记入"销售折让"账户　　　　　D. 增加主营业务成本

7. 下列各项中,属于其他业务收入的是(　　)。
   A. 出售自用包装物收入　　　　　B. 接受所有者投资
   C. 出售股票收入　　　　　　　　D. 接受捐赠收入

8. 在采用收取手续费方式委托代销商品时,委托方确认商品销售收入的时点为(　　)。
   A. 委托方发出商品时
   B. 受托方销售商品时
   C. 收到受托方开具的代销清单时
   D. 委托方收到货款时

9. 企业销售商品时代垫的运杂费应记入(　　)账户。
   A. "应收账款"　　　　　　　　　B. "预付账款"
   C. "其他应收款"　　　　　　　　D. "应付账款"

10. 本月发生确认收入后的销售退回,无论是属于本年度销售的还是属于以前年度销售的,均应冲减(　　)的销售收入。
   A. 本月　　　　B. 本年　　　　C. 以前年度　　　　D. 上年度

11. 企业的销售折让发生在确认收入之后的,应在实际发生时(　　)。
   A. 增加当期费用　　　　　　　　B. 冲减当期销售收入
   C. 增加当期销售成本　　　　　　D. 增加当期营业外支出

12. 20××年6月1日,甲公司对外提供一项为期8个月的劳务,合同总收入为485万元,预计总成本为380万元。20××年年末无法可靠地估计履约进度。20××年发生劳务成本300万元,预计已发生的劳务成本能得到补偿,则甲公司20××年该项业务应确认的收入金额为(　　)万元。
   A. 300　　　　B. 185　　　　C. 380　　　　D. 485

13. 下列各项,可采用履约进度确认收入的是(　　)。
   A. 预收货款销售商品　　　　　　B. 分期收款销售商品
   C. 按时段确认的收入　　　　　　D. 按时点确认的收入

14. 企业对外销售需要安装的商品时,若安装和检验属于销售合同的重要组成部分,则确认该商品销售收入的时点是(　　)。
   A. 发出商品时　　　　　　　　　B. 收到商品销售货款时
   C. 商品运抵并开始安装时　　　　D. 客户取得商品控制权时

15. 某企业20××年9月接受一项产品安装任务,安装期为6个月,合同总收入为10万元,20××年度预收款项4万元,余款在安装完成时收回。当年实际发生成本3万元,预计还将发生成本2万元。则该企业20××年度应确认合同履约成本(　　)万元(假定该企业按实际发生成本占预计总成本的百分比确定履约进度)。
   A. 2　　　　B. 3　　　　C. 5　　　　D. 0

16. 下列各项中,应计入其他业务收入的是(　　)。
   A. 罚款收入　　　　　　　　　　B. 出售固定资产收入
   C. 材料销售收入　　　　　　　　D. 接受捐赠收入

17. 某工业企业销售产品每件130元,若客户购买达到100件及以上的,可得到30元/件的商业折扣。某客户20××年12月10日购买该企业产品200件,按规定现金折扣条件为2/10、1/20、n/30。适用的增值税税率为13%。该企业于12月26日收到该笔款项时,应给予客户的现金折扣为(　　)元。假定计算现金折扣时不考虑增值税。
   A. 0　　　　B. 200　　　　C. 220　　　　D. 234

18. 下列各项目中,属于工业企业主营业务收入的是(　　)。
   A. 产品销售收入　　　　　　　　B. 原材料销售收入
   C. 包装物出租收入　　　　　　　D. 利息收入

19. 下列各项中,属于管理费用的是(　　)。
   A. 消费税　　　　　　　　　　　B. 教育费附加
   C. 排污费　　　　　　　　　　　D. 广告费

20. 按照企业会计准则的规定,购货企业发生的现金折扣应(　　)。
   A. 冲减财务费用　　　　　　　　B. 增加财务费用
   C. 冲减购货成本　　　　　　　　D. 增加购货成本

21. 专设销售机构发生的办公费用,应记入的会计账户是(　　)。
    A. "营业外支出"　　　　　　　　B. "管理费用"
    C. "销售费用"　　　　　　　　　D. "财务费用"
22. 下列各项费用中,应计入财务费用的是(　　)。
    A. 支付银行承兑手续费　　　　　B. 筹建期间长期借款利息
    C. 支付的购买短期债券的手续费　D. 固定资产交付使用前的借款利息
23. 下列各项中,不计入产品成本费用的是(　　)。
    A. 直接材料费用　　　　　　　　B. 辅助车间管理人员工资
    C. 车间厂房折旧费　　　　　　　D. 厂部办公楼折旧费
24. 工业企业的期间费用包括(　　)。
    A. 直接材料费和直接人工费
    B. 原材料费用、人工费用和制造费用
    C. 财务费用和管理费用
    D. 财务费用、管理费用和销售费用
25. 企业支付的咨询费和诉讼费,应计入(　　)。
    A. 销售费用　　　　　　　　　　B. 管理费用
    C. 职工福利费　　　　　　　　　D. 社会保险费
26. 下列费用中,不属于管理费用列支范围的是(　　)。
    A. 董事会费　　　　　　　　　　B. 坏账损失
    C. 无形资产摊销费用　　　　　　D. 业务招待费
27. 企业发生的超标的业务招待费,应记入(　　)账户。
    A. "管理费用"　　　　　　　　　B. "销售费用"
    C. "利润分配"　　　　　　　　　D. "制造费用"
28. 商品流通企业在购进货物的过程中所发生的数额较小的运输费用应计入(　　)。
    A. 销售费用　　　　　　　　　　B. 商品采购成本
    C. 管理费用　　　　　　　　　　D. 财务费用
29. 企业的研究与排污费用应当计入(　　)。
    A. 制造费用　　　　　　　　　　B. 管理费用
    C. 营业外支出　　　　　　　　　D. 销售费用

四、多项选择题

1. 下列各项目中,不属于企业收入的有(　　)。
   A. 长期股权投资取得的收入　　　B. 日常销售商品取得的收入
   C. 金融资产转移取得的收入　　　D. 合营安排取得的收入
   E. 代收增值税或代收利息收入
2. 取得商品控制权的三项要素为(　　)。
   A. 能力　　　　　　　　　　　　B. 主导该商品的使用
   C. 几乎能获得全部经济利益　　　D. 履行了合同履约义务
   E. 双方实际交接商品

3. 按我国《企业会计准则》的规定,下列项目中不应确认为收入的有(　　)。
   A. 销售商品收取的增值税
   B. 出售飞机票时代收的保险费
   C. 代客户购买景点门票收取的款项
   D. 销售商品代垫的运杂费
   E. 出售固定资产收取的价款

4. 影响收入计量的主要因素包括(　　)。
   A. 可变对价
   B. 交易价格
   C. 非现金对价
   D. 应付客户对价
   E. 合同中存在的重大融资成分

5. 收入的特征表现为(　　)。
   A. 收入从企业的日常经营活动中产生
   B. 收入可能表现为资产的增加
   C. 收入会导致所有者权益的增加
   D. 从偶发的交易或事项中产生
   E. 只包括本企业经济利益的流入

6. 合同中包含两项或多项履约义务的,企业应当在合同开始日,按照各单项履约义务所承诺商品的单独售价的相对比例,将交易价格分摊至各单项履约义务。其中,合理估计商品单独售价的方法有(　　)。
   A. 市场调整法　　　　　　　　B. 成本加成法
   C. 余值法　　　　　　　　　　D. 产出法
   E. 投入法

7. 交易价格的分摊包括(　　)。
   A. 合同折扣的分摊　　　　　　B. 可变对价的分摊
   C. 交易价格后续变动的分摊　　D. 销售费用的分摊
   E. 特定交易收入的分摊

8. 为核算企业主营业务和兼营业务发生的收入,应设置的账户有(　　)。
   A. 主营业务收入　　　　　　　B. 其他业务收入
   C. 营业外收入　　　　　　　　D. 兼营业务收入
   E. 资产处置收入

9. 下列各账户中,委托代销商品核算使用的账户有(　　)。
   A. 发出商品　　　　　　　　　B. 受托代销商品
   C. 受托代销商品款　　　　　　D. 合同资产
   E. 在途物资

10. 下列各项中,工业企业应计入其他业务收入的有(　　)。
    A. 出租包装物收入　　　　　　B. 销售商品取得的收入
    C. 出售无形资产所取得的收入　D. 销售材料产生的收入
    E. 出租无形资产所取得的收入

11. 下列各项中,属于特定交易业务的有(　　)。
　　A. 附有销售退货条件　　　　　　　B. 附有质量保证条款
　　C. 售后回购　　　　　　　　　　　D. 客户未行使权利
　　E. 折扣与折让

12. 合同成本包括(　　)。
　　A. 合同履约成本　　　　　　　　　B. 合同取得成本
　　C. 合同增量成本　　　　　　　　　D. 合同签约成本
　　E. 合同人工成本

13. 下列各项中,应计入其他业务成本的有(　　)。
　　A. 随同商品出售不单独计价的包装物成本
　　B. 随同商品出售单独计价的包装物成本
　　C. 领用的用于出借的新包装物的成本
　　D. 对外销售的原材料成本
　　E. 出售的商品成本

14. 企业与客户之间订立的合同同时满足(　　)条件时,企业应当在客户取得相关商品控制权时确认收入。
　　A. 合同各方已批准该合同并承诺将履行各自义务
　　B. 该合同明确了合同各方与所转让商品或提供劳务(简称"转让商品")相关的权利和义务
　　C. 该合同有明确的与所转让商品相关的支付条款
　　D. 该合同具有商业实质,即履行该合同将改变企业未来现金流量的风险、时间分布或金额
　　E. 企业因向客户转让商品而有权取得的对价很可能收回

15. 能够使已确认的主营业务收入减少的项目有(　　)。
　　A. 商业折扣　　　　　　　　　　　B. 现金折扣
　　C. 销售退回　　　　　　　　　　　D. 销售折让
　　E. 罚款支出

16. 下列发生的支出,不应计入销售费用的有(　　)。
　　A. 广告费　　　　　　　　　　　　B. 机器设备折旧费
　　C. 印花税费　　　　　　　　　　　D. 银行承兑汇票手续费
　　E. 离退休人员工资

17. 下列费用中,不应计入产品成本的有(　　)。
　　A. 厂部机器设备修理费用　　　　　B. 企业行政管理部门办公楼折旧费用
　　C. 个人所得税　　　　　　　　　　D. 劳动保险费
　　E. 利息费用

18. 属于管理费用项目的有(　　)。
　　A. 厂部管理人员工资及福利费　　　B. 在建工程人员的工资及福利费
　　C. 诉讼费　　　　　　　　　　　　D. 技术转让费
　　E. 业务招待费

19. 财务费用的核算内容包括(　　　)。
    A. 汇兑损失　　　　　　　　B. 利息支出
    C. 诉讼费　　　　　　　　　D. 购货单位享受的现金折扣
    E. 金融机构手续费

20. 下列项目中,属于期间费用的有(　　　)。
    A. 管理费用　　B. 制造费用　　C. 财务费用　　D. 销售费用
    E. 固定资产修理费用

21. 下列项目中,(　　　)属于应计入产品成本的费用。
    A. 材料费用　　B. 制造费用　　C. 燃料和动力　　D. 直接人工
    E. 广告费用

22. 下列各项中属于销售费用的有(　　　)。
    A. 广告费　　　　　　　　　B. 委托代销手续费
    C. 展览费　　　　　　　　　D. 专设销售机构的办公费
    E. 劳动保险费用

23. 下列有关成本费用的表述中,正确的有(　　　)。
    A. 费用的发生会使企业的所有者权益减少
    B. 费用的发生会使经济资源流出企业
    C. 费用的确认应遵循权责发生制原则
    D. 制造费用期末应分配计入产品成本
    E. 期间费用应计入当期损益

24. 下列项目中,通过"管理费用"账户核算的有(　　　)。
    A. 工会经费　　B. 董事会费　　C. 研究费用　　D. 增值税
    E. 咨询费

25. 下列项目中,通过"销售费用"账户核算的项目有(　　　)。
    A. 预计产品质量保证费用　　　B. 产品展览费用
    C. 专设销售机构的职工薪酬　　D. 应交增值税销项税额
    E. 职工培训费用

五、名词解释

1. 收入
2. 履约义务
3. 重大融资成分
4. 现金折扣
5. 商业折扣
6. 销售折让
7. 特定交易
8. 合同成本
9. 费用
10. 生产费用
11. 期间费用
12. 销售费用
13. 管理费用

六、思考题

1. 收入具有哪些特征?
2. 企业与客户签订合同应满足什么条件,才能在客户取得商品控制权时确认收入?

3. 收入计量应遵循什么原则？影响收入计量的主要因素有哪些？
4. 按时点确认收入的具体规定有哪些？
5. 分期收款销售商品，应当如何进行会计处理？
6. 在商业折扣、现金折扣和销售折让交易方式下，如何具体确认收入的实现？怎样进行会计处理？
7. 按时段确认收入的具体规定有哪些？
8. 什么是费用，费用有哪些特点，费用如何分类？
9. 费用按照经济用途和经济内容分别可以分为哪几类？
10. 费用的确认应当遵循哪些原则？
11. 管理费用、销售费用、财务费用核算的内容分别包括哪些？

七、实务操作题

实务操作（12-1）

（一）**目的**：练习按时点确认收入的核算。

（二）**资料**：某公司为增值税一般纳税人，适用的增值税税率为 13%，20××年度发生下列经济业务：

1. 丁公司销售给客户一批生产设备，增值税专用发票上注明的售价为 100 000 元，增值税税额为 13 000 元，该批生产设备成本为 74 000 元。收到价税款存入银行。生产设备已交付给客户，客户已取得生产设备的控制权。丁公司为增值税一般纳税人。

2. 某企业为增值税一般纳税人，销售给 A 企业服装一批，增值税专用发票上注明的售价为 300 000 元，增值税税额为 39 000 元，该批服装的采购成本为 190 000 元。合同约定销售商品价款采用汇票结算，收到 A 企业开出并承兑的银行承兑汇票，金额为 339 000 元。该批服装已交付给 A 企业，A 企业已取得服装的控制权。

3. 某公司出售一批前购入的生产用原材料，取得销售收入 60 000 元，收取增值税税额 7 800 元，收到价税款存入银行，原材料已交付给客户，客户取得其控制权。该批原材料的采购成本为 52 000 元。

4. 某公司将一项有形动产出租给客户，收取租金 50 000 元，收取增值税 6 500 元，款项已收到存入银行。该项有形动产出租期间的折旧额为 36 000 元。出租期间客户取得专利技术的控制权。

5. 丙公司为增值税一般纳税人。20××年 5 月 1 日向客户销售 B 产品一批，增值税专用发票注明的 B 产品销售价款为 400 000 元，增值税税额为 52 000 元，该批 B 产品的生产成本为 280 000 元。丙公司在销售 B 产品时获悉客户近期难以结算货款，考虑为了与客户保持长期业务关系，仍将 B 产品发送给了客户并开出了销售发票账单。5 月 31 日客户向丙公司开出一张期限 6 个月，面值 452 000 元的不带商业承兑汇票；11 月 30 日丙公司收到汇票款。丙公司在确认收入时发生纳税义务。

6. 某公司甲产品销售价目单价格为每件 500 元。客户一次购买甲产品 300 件，根据规定的折扣条件，可得到 10% 的商业折扣，增值税税率 13%，价税款收到存入银行。甲产品的生产成本为每件 340 元。

7. 某企业为增值税一般纳税人，20××年 10 月 1 日向客户销售丁产品一批，增值税专用发票上注明的售价 70 000 元,增值税税额为 9 100 元。企业为了早日收回货款而在合同中规定现金折扣的条件为:2/10,1/20,n/30(计算折扣时不考虑增值税)。丁产品的生产成本为 47 000 元。

8. 某企业销售丙商品一批,增值税专用发票上注明的售价为 100 000 元,增值税税额为 13 000 元,货款暂未结算。客户收到商品后发现其部分质量不合格,双方协议在价格上给予 8% 的折让,并结清其余价税款。该批商品的采购成本为 70 000 元。

9. 某企业 20×× 年 12 月 25 日销售甲商品一批,售价 30 000 元,增值税为 3 900 元,价税款收到存入银行。甲商品成本 19 000 元。第二年 2 月 10 日该批商品因质量问题被退回。

10. 甲企业以买断代销方式委托乙企业销售 A 商品一批,协议价为 60 000 元,该商品成本 47 000 元,增值税税额 7 800 元。乙企业将该批商品按售价 70 000 元出售,收取增值税税额 9 100 元。

11. 假设上题为支付手续费方式,乙企业按 60 000 元价格出售给顾客,甲企业按售价的 10% 支付给乙企业手续费。乙企业实际销售时,即向客户开出一张增值税专用发票,发票上注明商品售价 60 000 元,增值税税额 7 800 元。甲企业在收到乙企业交来的代销清单时,向乙企业开具一张相同金额的增值税发票。

12. 某公司 20×× 年 6 月 10 日向客户销售 C、D 两种产品。C 产品售价 10 000 元,成本 6 000 元;D 产品售价 5 000 元,成本 3 500 元。合同约定 C 产品在合同开始日交付,D 产品在 2 个月后交付,当 C、D 两产品全部交付后,才有收取两种产品价款的权利。假定两产品分别构成单项履约义务,客户在交付产品时取得产品控制权,公司的增值税税率为 13%,在确认收入时发生纳税义务。

13. 某企业 20×× 年 1 月 1 日采用分期收款方式销售给客户生产设备一套,售价 5 000 万元,增值税税额 650 万元,企业在发出生产设备并向客户开出增值税专用发票时发生纳税义务,其余价款于每年年末等额支付,分 5 年付清。该生产设备实际成本为 3 400 万元,现销方式下的销售价格为 4 000 万元。该生产设备已交付给客户,客户取得生产设备的控制权。经计算相关的实际利率为 7.93%。

(三) 要求:根据以上经济业务,编制会计分录。

实务操作(12-2)

(一) 目的:练习按时段确认收入与合同成本的核算。
(二) 资料:

1. 甲公司 20×× 年 12 月 1 日与客户签订了一项建筑施工任务,施工期为 18 个月,合同总收入 500 000 元,客户分三次支付,第一次在项目开始执行时支付,金额为 150 000 元,第二次在项目执行中期支付,金额为 300 000 元,剩余的在项目完成时支付。估计总成本 400 000 元,20×× 年实际发生安装料工费成本 80 000 元,相关的增值税税额为 10 400 元,第二年全年发生安装料工费成本 250 000 元,相关的增值税税额为 28 000 元,第三年发生安装料工费成本 75 000 元,相关的增值税税额为 5 000 元。公司提供建筑服务采取预收款方式的,其纳税义务发生时间为收到预收款的时间。进项税额经认证准予抵扣。假定按投入成本计算履约进度。甲为增值税一般纳税人,适用的增值税税率为 9%。

2. 某技术服务公司为一小规模纳税人,接受客户一项技术服务工作,双方签订的合同注明服务期为 5 个月,从 20×× 年 12 月 1 日开始至第二年 5 月 1 日止,服务费总额 10 000 元,在服务开始支付3 000元,服务结束时支付7 000元。20××年12月30日客户发生重大变故,服务结束时费用能否收到没有把握。公司进行技术服务前期准备已发生调查成本2 500元。公司适用的增值税税率为3%。

3. 丁公司20××年7月1日与客户签订一项建筑工程施工合同,合同履约期限18个月,发生销售佣金等合同增量成本15 000元,相关的增值税进项税额1 350元。20××年12月31日按规定的方法计算工程履约进度为35%。

(三)要求:根据以上经济业务编制会计分录。

实务操作(12-3)

(一)目的:练习特定交易收入的核算。

(二)资料:某公司发生下列特定交易业务:

1. 某公司20××年12月1日销售给客户A商品500件,单位售价60元,单位成本38元,开出增值税专用发票注明的销售价款30 000元,增值税税额3 900元。商品已交付,客户已取得A商品的控制权。合同规定客户在12月10日前付款,在A商品交付后3个月内商品如出现质量问题,客户有权退货。某公司根据以往的经验,估计客户的退货率为20%。客户12月10日支付全部价税款。第二年客户实际退货为100件。某公司为增值税一般纳税人。

2. 甲公司20××年10月10日销售给客户设备一批,合同约定甲公司除提供法定免费质保服务之外,另提供1年期的延期保质服务。该批设备和延期保质服务的单独标价分别为200 000元、30 000元。该批设备的成本为130 000元。合同签订当日双方完成生产设备交付,A企业取得生产设备的控制权,甲公司收到全部价税款257 800万元(生产设备价款200 000元,增值税税款26 000元;延期保质收费30 000元,增值税税款1 800元)。另在延保期内发生延保费用27 000元。甲公司为增值税一般纳税人。

3. 某综合商场为增值税一般纳税人,20××年元旦开展奖励积分酬宾活动。规定在活动期间,客户每在商场内消费100元可兑换5个积分,每个积分可在未来购买该商场商品时按2元的折扣兑现,积分有效期2年。活动期间共销售商品1 000 000元,客户应得奖励积分50 000个,公司预计积分兑现率90%,基于兑换的可能性估计每个积分的单独售价为2元;20××年12月21日累计有40 000个积分被兑换;第二年12月31日累计有46 000个积分兑换,剩余未兑换的积分全部失效。(假定不考虑税费因素)

4. 乙公司为增值税一般纳税人,20××年3月1日向客户销售商品一批,增值税专用发票标明的销售价款为500万元,增值税税款为65万元,该批商品的成本370万元。商品并未发出,款项已经收到。根据双方协议,乙公司于7月30日(售后5个月)将所售商品以550万元(不含增值税)的价格购回。

5. A公司为增值税一般纳税人,主要经营连锁食品业务,20××年共向客户销售了500张储值卡,每张面值1万元,总额500万元。客户可在公司的任何一家酒店使用储值卡消费。根据历史资料估计,约有10%的储值卡不会被消费。截至20××年12月31日,客户使用储值卡消费的金额为300万元。假定企业在实际收到款项时发生增值税纳税义务,增值税税率为6%。

(三)要求:根据以上经济业务,编制会计分录。

实务操作(12-4)

(一)目的:练习费用核算。

(二)资料: 某企业 20××年度发生下列经济业务:

1. 以银行存款支付广告费 15 000 元。
2. 支付短期借款利息 12 000 元,其中,以前已预计 8 000 元。
3. 销售产品一批,增值税专用发票上标明售价为 10 000 元,增值税税额为 1 300 元。商品已发出,款项已收回。另以现金支付送货运费 50 元(由销售方负担)。
4. 签发转账支票一张支付办公费 1 300 元。其中,管理部门 600 元,销售部门 400 元,生产车间 300 元。
5. 从仓库领用随同货物销售不单独计价的包装箱 30 个,每个 20 元。
6. 以银行存款支付业务招待费 2 000 元。
7. 销售员张超出差归来,报销差旅费 1 700 元,余款 300 元交回现金。
8. 购买原材料一批,价款为 600 000 元,增值税税额为 78 000 元,经认证准予抵扣。签发一张面值 678 000 元、期限 3 个月的银行承兑汇票向银行申请承兑,银行受理,支付 351 元承兑手续费。原材料已入库。
9. 计提本月固定资产折旧 8 000 元,其中,管理部门 1 500 元,生产车间 6 000 元,销售部门 500 元。
10. 用银行存款支付厂部固定资产大修理费 4 000 元。
11. 分配本月工资费用:厂部管理人员工资 15 000 元,销售人员工资 14 000 元。
12. 按工资总额的 2% 计提福利费。
13. 收到银行存款利息入账通知单,通知单上列示利息收入为 600 元。

(三)要求: 根据以上经济业务,编制会计分录。

第十三章 所 得 税

学 习 指 导

一、主要参考法规索引

1.《企业会计准则第 18 号——所得税》(2006 年 2 月 15 日财政部发布,自 2007 年 1 月 1 日起施行)。

2.《企业会计准则第 18 号——所得税》(应用指南)。

3.《中华人民共和国企业所得税法》(2007 年 3 月 16 日第十届全国人民代表大会第五次会议通过,2007 年 3 月 16 日中华人民共和国主席令第 63 号公布,自 2008 年 1 月 1 日起施行。2017 年 2 月 24 日第十二届全国人民代表大会常务委员会第二十六次会议修订)。

4.《中华人民共和国企业所得税法实施条例》(2007 年 11 月 28 日国务院第 197 次常务会议通过,2007 年 12 月 6 日公布,自 2008 年 1 月 1 日起施行)。

二、学习要点

1. 所得税会计核算的资产负债表债务法。
2. 所得税会计核算的一般程序。
3. 资产计税基础的概念及确定。
4. 负债计税基础的概念及确定。
5. 应纳税暂时性差异的概念及确认。
6. 可抵扣暂时性差异的概念及确认。
7. 递延所得税负债的确认与计量。
8. 递延所得税资产的确认与计量。
9. 所得税费用的计量与核算。

三、重点、难点问题

1. 资产、负债计税基础的确定。

2. 应纳税暂时性差异和可抵扣暂时性差异的确认。
3. 递延所得税资产和递延所得税负债的确认与计量。
4. 递延所得税费用的核算。

习题与实训

一、填空题

1. 所得税的会计核算方法有_____和纳税影响会计法两大类。其中,纳税影响会计法又可分为_____和_____两种,而债务法下还可进一步细分为_____和_____。企业会计准则规定,企业应采用资产负债表债务法核算所得税。

2. 资产的计税基础是指企业_____过程中,计算应纳税所得额时按照税法规定可以_____的金额。

3. 负债的计税基础是指负债的_____减去未来期间计算应税所得额时按照税法规定_____的金额。

4. 有些事项确认的预计负债,税法规定其支出无论是否实际发生,均不允许税前扣除,即未来期间按照税法规定可予以抵扣的金额为_____,_____等于_____。

5. 暂时性差异是指资产或负债的_____与其_____之间的差额。根据暂时性差异对未来期间应纳税所得额的影响,分为_____和_____。

6. 应纳税暂时性差异通常产生于_____和_____两种情况。

7. 可抵扣暂时性差异一般产生于_____和_____两种情况。

8. 某一会计期间的会计利润与应纳税所得额产生差异的原因分为_____和_____两类。

9. 应纳税所得额,又称应税利润或应税收益,是指按照_____确认、计量的一定时期的收益,是计算_____的基本依据。

10. 按照资产负债表债务法核算企业所得税的情况下,企业的所得税费用包括两部分,一是_____,二是_____。

二、判断题

1. 资产的账面价值大于其计税基础会产生可抵扣暂时性差异。（　　）

2. 资产的计税基础,是指在企业取得时,计算应纳税所得额时按照税法规定可以自应税利益中抵扣的金额。（　　）

3. 负债的计税基础,是指负债的账面价值减去未来期间计算应纳税所得额时按照税法规定可予抵扣的金额。（　　）

4. 当某项交易同时具有"不是企业合并"及"交易发生时既不影响会计利润也不影响应纳税所得额（或可抵扣亏损）"的特征时,企业不应当确认该项应纳税暂时性差异产生的递延所得税负债。（　　）

5. 因商誉的初始确认产生的递延所得税负债应当确认为负债。（　　）

6. 企业在取得资产、负债时,应当确定其计税基础。（　　）

7. 资产的计税基础,是指企业收回资产账面价值过程中,计算应纳税所得额时按照税法规定可以自应税利益中抵扣的金额。（　　）

8. 通常情况下,资产在取得时其入账价值与计税基础是相同的,后续计量过程中因企业会计准则规定与税法规定不同,可能产生资产的账面价值与其计税基础的差异。（　　）

9. 通常情况下,资产在取得时其入账价值与计税基础是不相同的,后续计量过程中也不能产生资产的账面价值与其计税基础的差异。（　　）

10. 短期借款、应付票据、应付账款等负债的确认和偿还,通常不会对当期损益和应纳税所得额产生影响,其计税基础即为账面价值。（　　）

11. 企业应于资产负债表日,分析比较资产、负债的账面价值与其计税基础,两者之间存在差异的,确认递延所得税资产、递延所得税负债及相应的递延所得税费用(或收益)。（　　）

12. 资产负债表日,对于递延所得税负债应当根据税法规定,按照预期清偿该负债期间的适用税率计量,并对递延所得税负债进行折现计算。（　　）

13. 暂时性差异,是指资产或负债的账面价值与其计税基础之间的差额。（　　）

14. 未作为资产和负债确认的项目,按照税法规定可以确定其计税基础的,该计税基础与其账面价值之间的差额也属于暂时性差异。（　　）

15. 应纳税暂时性差异,是指在确定未来收回资产或清偿负债期间的应纳税所得额时,将导致产生应税金额的暂时性差异。（　　）

16. 可抵扣暂时性差异,是指在确定未来收回资产或清偿负债期间的应纳税所得额时,将导致产生可抵扣金额的暂时性差异。（　　）

17. 资产的账面价值大于其计税基础或者负债的账面价值小于其计税基础的,产生应纳税暂时性差异。（　　）

18. 确认由可抵扣暂时性差异产生的递延所得税资产,应当以未来期间很可能取得用以抵扣可抵扣暂时性差异的应纳税所得额为限。（　　）

19. 企业对与子公司、联营企业及合营企业投资相关的应纳税暂时性差异,应当确认相应的递延所得税负债。但是,同时满足下列条件的除外:①投资企业能够控制暂时性差异转回的时间;②该暂时性差异在可预见的未来很可能不会转回。（　　）

20. 递延所得税负债和递延所得税资产都不进行折现计算。（　　）

三、单项选择题

1. A公司于20××年12月31日购入价值为20万元的设备,预计使用期为5年,无残值。采用直线法计提折旧,税法允许采用双倍余额递减法计提折旧。第三年12月31日应纳税暂时性差异余额为(　　)万元。
    A. 4.8　　　　　　B. 12　　　　　　C. 7.2　　　　　　D. 4

2. 某公司20××年度核定的计税工资总额全年为100万元,本年度实际发放的工资总额为200万元。若公司本年度的税前会计利润为900万元,且该公司的所得税税率为20%,该公司本年度应交的所得税为(　　)万元。
    A. 200　　　　　　B. 297　　　　　　C. 363　　　　　　D. 336

3. 某企业采用年数总和法计提折旧,税法规定按平均年限法计提折旧。20××年税前会计利润为300万元,按平均年限法计提折旧为90万元,按年数总和法计提折旧为180万元,所得税税率为25%。20××年应交所得税为(　　)万元。
    A. 99　　　　　　B. 148.5　　　　　C. 118.8　　　　　D. 97.5

4. 下列各项投资收益中,按当前税法规定免交所得税,在计算纳税所得时应予以调整的项目有(　　　　)。
　　A. 国债利息收入　　　　　　　　　B. 股票转让净收益
　　C. 公司债券的利息收入　　　　　　D. 公司债券转让净收益

5. 某企业上年适用的所得税税率为25%,"递延所得税资产"账户借方余额为50万元。本年适用的所得税税率为20%,本年发生可抵扣暂时性差异40万元。该企业本年年末"递延所得税资产"账户余额为(　　　　)万元。
　　A. 53　　　　　B. 48　　　　　C. 84　　　　　D. 78

6. A公司20××年12月31日购入价值为20万元的设备,预计使用期为5年,无残值。采用直线法计提折旧,税法允许采用双倍余额递减法计提折旧。第三年前适用的所得税税率为15%,从第三年起适用的所得税税率为25%。第三年12月31日递延所得税负债余额为(　　　　)万元。
　　A. 0.72　　　　B. 1.2　　　　C. 0.6　　　　D. 1.32

7. A公司20××年12月31日购入价值为10万元的设备,预计使用期为5年,无残值。采用双倍余额递减法计提折旧,税法允许采用直线法计提折旧。第三年前适用的所得税税率为25%,从第三年起适用的所得税税率为15%。第三年12月31日递延所得税资产的余额为(　　　　)万元。
　　A. 0.36　　　　B. 0.792　　　　C. 0.3　　　　D. 0.66

8. A公司20××年12月31日购入价值为10万元的设备,预计使用期为5年,无残值。采用双倍余额递减法计提折旧,税法允许采用直线法计提折旧。第三年前适用的所得税税率为25%,从第三年起适用的所得税税率为15%。第三年12月31日可抵扣暂时性差异的余额为(　　　　)万元。
　　A. 3.6　　　　B. 6　　　　C. 1.2　　　　D. 2.4

9. A公司于20××年12月31日"预计负债——产品质量保证费用"账户贷方余额为50万元,第二年实际发生产品质量保证费用40万元,第二年12月31日预提产品质量保证费用50万元,第二年12月31日该项负债的计税基础为(　　　　)万元。
　　A. 0　　　　　B. 20　　　　　C. 50　　　　　D. 40

10. A公司于20××年12月31日"预计负债——产品质量保证费用"账户贷方余额为100万元,第二年实际发生产品质量保证费用90万元,第二年12月31日预提产品质量保证费用120万元。第二年12月31日,下列说法中正确的是(　　　　)。
　　A. 产生应纳税暂时性差异余额130万元
　　B. 产生可抵扣暂时性差异余额130万元
　　C. 产生应纳税暂时性差异余额120万元
　　D. 产生可抵扣暂时性差异余额120万元

11. 某股份有限公司20××年12月31日购入一台设备,原价为3 010万元,预计净残值为10万元。税法规定的折旧年限为5年,按直线法计提折旧,公司按照3年计提折旧,折旧方法与税法相一致。第三年1月1日,公司所得税税率由25%降为15%。除该事项外,历年来无其他纳税调整事项。公司采用资产负债表债务法进行所得税会计处理。该公司第三年年末资产负债表中反映的"递延所得税资产"账户的金额为(　　　　)万元。
　　A. 12　　　　　B. 60　　　　　C. 120　　　　　D. 192

12. 某企业采用资产负债表债务法对所得税进行核算,适用的所得税税率为25%。20××年年初递延所得税负债账面余额为100万元,20××年发生应纳税暂时性差异50万元、转回应纳税暂时性差异150万元。20××年 12 月 31 日"递延所得税负债"账户余额为(　　　)万元。

　　A. 0　　　　　　　　　　　　　　B. 75
　　C. 83.5　　　　　　　　　　　　D. 116.5

13. 某企业采用债务法核算所得税,上期期末"递延所得税负债"账户的贷方余额为 2 640 万元,适用的所得税税率为 25%。本期发生应纳税暂时性差异为 2 440 万元,本期适用的所得税税率为 20%。本期期末"递延所得税负债"账户余额为(　　　)万元。

　　A. 1 386　　　　　　　　　　　　B. 2 600
　　C. 3 432　　　　　　　　　　　　D. 3 600

14. A 公司 20××年度实现利润总额 1 000 万元,所得税税率为 20%,A 公司当年因发生违法经营被罚款 20 万元,因违反合同支付违约金 50 万元,当期业务招待费超支 10 万元,取得国债利息收入 30 万元,工资超过计税标准 100 万元,A 公司 20××年应交所得税为(　　　)万元。

　　A. 230　　　　　　　　　　　　　B. 300
　　C. 330　　　　　　　　　　　　　D. 320

15. 企业无企业合并等特殊交易或事项时应于资产负债表日,分析比较资产、负债的账面价值与其计税基础,两者之间存在差异的,不可确认的账户是(　　　)。

　　A. "递延所得税资产"
　　B. "递延所得税负债"
　　C. "相关的递延所得税费用(或收益)"
　　D. "资本公积"

16. 企业在企业合并等特殊交易或事项中取得的资产和负债,应于(　　　)比较其入账价值与计税基础,并按照准则规定计算确认相关的递延所得税资产或递延所得税负债。

　　A. 资产负债表日　　　　　　　　　B. 购买日
　　C. 业务发生的当期期初　　　　　　D. 相关款项结算日

17. 企业无企业合并等特殊交易或事项时应于(　　　),分析比较资产、负债的账面价值与其计税基础,两者之间存在差异的,确认递延所得税资产、递延所得税负债及相应的递延所得税费用(或收益)。

　　A. 资产负债表日　　　　　　　　　B. 业务发生日
　　C. 业务发生的当期期初　　　　　　D. 相关款项结算日

18. 对于递延所得税资产和递延所得税负债,应当在(　　　),根据税法规定,按照预期收回该资产或清偿该负债期间的适用税率计量。适用税率发生变化的,应对已确认的递延所得税资产和递延所得税负债进行重新计量,除直接在所有者权益中确认的交易或者事项产生的递延所得税资产和递延所得税负债以外,应当将其影响数计入变化当期的所得税费用。

　　A. 资产负债表日　　　　　　　　　B. 业务发生日
　　C. 业务发生的当期期初　　　　　　D. 相关款项结算日

19. 对于递延所得税资产和递延所得税负债,应当在资产负债表日,根据税法规定,按照预期收回该资产或清偿该负债期间的适用税率计量。适用税率发生变化的,应对已确认的递延所得税资产和递延所得税负债进行重新计量,除直接在所有者权益中确认的交易或者事项产生的递延所得税资产和递延所得税负债以外,应当将其影响数计入变化当期的(　　)。

A. 营业外收入　　　　　　　　B. 资本公积
C. 所得税费用　　　　　　　　D. 管理费用

20. 由于企业会计准则规定与税法规定对企业合并的处理不同,可能会造成企业合并中取得资产、负债的入账价值与其计税基础的差异,可能形成企业合并产生的应纳税暂时性差异或可抵扣暂时性差异,因此,在确认递延所得税负债或递延所得税资产的同时,相关的递延所得税费用(或收益),通常应调整企业合并中所确认的(　　)。

A. 合并价差　　　　　　　　　B. 资本公积
C. 无形资产　　　　　　　　　D. 商誉

四、多项选择题

1. A公司20××年12月31日一台固定资产的账面价值为10万元,重估的公允价值为20万元,会计规定和税法规定都按直线法计提折旧,剩余使用年限为5年,净残值为零。会计按重估的公允价值计提折旧,税法按账面价值计提折旧。则第四年12月31日应纳税暂时性差异余额不正确的是(　　)万元。

A. 8　　　　B. 16　　　　C. 6　　　　D. 4
E. 5

2. 下列项目中,产生应纳税暂时性差异的有(　　)。

A. 企业根据被投资企业权益增加调整账面价值大于计税基础的部分
B. 税法折旧大于会计折旧形成的差额部分
C. 对固定资产,企业根据期末公允价值大于账面价值的部分进行了调整
D. 对无形资产,企业根据期末可收回金额小于账面价值计提减值准备的部分
E. 负债账面价值大于其计税基础的部分

3. 下列说法中,正确的有(　　)。

A. 当某项交易同时具有"不是企业合并"及"交易发生时既不影响会计利润也不影响应纳税所得额(或可抵扣亏损)"特征时,企业不应当确认该项应纳税暂时性差异产生的递延所得税负债
B. 因商誉的初始确认产生的递延所得税负债应当确认为负债
C. 因商誉的初始确认产生的递延所得税负债不能确认负债
D. 当某项交易同时具有"不是企业合并"及"交易发生时既不影响会计利润也不影响应纳税所得额(或可抵扣亏损)"特征时,企业应当确认该项应纳税暂时性差异产生的递延所得税负债
E. 资产的账面价值大于其计税基础产生应纳税暂时性差异

4. 下列各项投资收益中,按当前税法规定不能免交所得税,在计算纳税所得时应予以调整的项目有(　　)。

A. 国债利息收入

B. 股票转让净收益

C. 公司债券的利息收入

D. 公司债券转让净收益

E. 返还的所得税

5. 下列项目中产生可抵扣暂时性差异的有（　　　　）。

   A. 预提产品包修费用

   B. 计提存货跌价准备

   C. 在投资企业所得税税率大于被投资企业所得税税率的情况下，投资企业对长期投资采用权益法核算

   D. 计提的短期投资跌价准备

   E. 负债账面价值等于其计税基础

6. 下列说法中，正确的有（　　　　）。

   A. 资产负债表日，有确凿证据表明未来期间很可能获得足够的应纳税所得额用来抵扣可抵扣暂时性差异的，应当确认以前期间未确认的递延所得税资产

   B. 资产负债表日，有确凿证据表明未来期间很可能获得足够的应纳税所得额用来抵扣可抵扣暂时性差异的，应当确认以前期间未确认的递延所得税负债

   C. 某项交易同时具有"该项交易不是企业合并"和"交易发生时既不影响会计利润也不影响应纳税所得额（或可抵扣亏损）"两个特征时，该项交易中因资产或负债的初始确认所产生的递延所得税资产不予确认

   D. 某项交易同时具有"该项交易不是企业合并"和"交易发生时既不影响会计利润也不影响应纳税所得额（或可抵扣亏损）"两个特征时，该项交易中因资产或负债的初始确认所产生的递延所得税资产应予确认

   E. 资产账面价值大于其计税基础产生可抵扣暂时性差异

7. 下列说法中，正确的有（　　　　）。

   A. 当同时满足"暂时性差异在可预见的未来很可能转回"和"未来很可能获得用来抵扣可抵扣暂时性差异的应纳税所得额"两个条件时，应当确认相应的递延所得税资产

   B. 当同时满足"暂时性差异在可预见的未来很可能转回"和"未来很可能获得用来抵扣可抵扣暂时性差异的应纳税所得额"两个条件时，应当确认相应的递延所得税负债

   C. 当同时满足"暂时性差异在可预见的未来很可能转回"和"未来很可能获得用来抵扣可抵扣暂时性差异的应纳税所得额"两个条件时，企业不应当确认相应的递延所得税资产

   D. 企业对于能够结转以后年度的可抵扣亏损和税款抵减，应当以很可能获得用来抵扣可抵扣亏损和税款抵减的未来应纳税所得额为限，确认相应的递延所得税资产

   E. 递延所得税资产应当按折现价值计算

8. 下列说法中，正确的有（　　　　）。

   A. 递延所得税资产和递延所得税负债的计量，应当反映资产负债表日企业预期收回资产或清偿负债方式的纳税影响，即在计量递延所得税资产和递延所得税负债时，应当采用与收回资产或清偿债务的预期方式相一致的税率和计税基础

B. 递延所得税资产和递延所得税负债的计量,应当反映资产负债表日企业预期收回资产或清偿负债方式的纳税影响,即在计量递延所得税资产和递延所得税负债时,应当采用当日的税率和计税基础,不能采用与收回资产或清偿债务的预期方式相一致的税率和计税基础

C. 企业不应当对递延所得税资产和递延所得税负债进行折现

D. 当折现率发生变化时,企业应当对递延所得税资产和递延所得税负债进行折现

E. 递延所得税资产是否折现视具体情况而定

9. 下列说法中,正确的有(　　　　)。

A. 递延所得税资产和递延所得税负债应当在资产负债表中列示

B. 递延所得税资产大于递延所得税负债的差额应当在资产负债表中作为资产列示

C. 递延所得税资产小于递延所得税负债的差额应当在资产负债表中作为负债列示

D. 递延所得税费用应当在利润表中单独列示

E. 资产的计税基础应在资产负债表中列示

10. 企业无企业合并等特殊交易或事项时应于资产负债表日,分析比较资产、负债的账面价值与其计税基础,两者之间存在差异的,可确认的项目是(　　　　)。

A. 递延所得税资产

B. 递延所得税负债

C. 相关的递延所得税费用(或收益)

D. 资本公积

E. 应抵扣所得税

11. 企业在合并等特殊交易或事项中取得的资产和负债,不应于(　　　　)比较其入账价值与计税基础,并按照准则规定计算确认相关的递延所得税资产或递延所得税负债。

A. 资产负债表日　　　　　　　B. 购买日

C. 业务发生的当期期初　　　　D. 相关款项结算日

E. 合并商谈日

12. 由于企业会计准则规定与税法规定对企业合并的处理不同,可能会造成企业合并中取得资产、负债的入账价值与其计税基础的差异,可能形成企业合并产生的应纳税暂时性差异或可抵扣暂时性差异。因此,在确认递延所得税负债或递延所得税资产的同时,相关的递延所得税费用(或收益),通常不应调整下列项目中的(　　　　)。

A. 合并价差　　　　　　　　　B. 资本公积

C. 无形资产　　　　　　　　　D. 企业合并中所确认的商誉

E. 盈余公积

13. 负债的计税基础,是指负债的账面价值减去未来期间计算应纳税所得额时按照税法规定可予抵扣的金额。下列项目中(　　　　)等负债的确认和偿还,通常不会对当期损益和应纳税所得额产生影响,其计税基础即为账面价值。

A. 短期借款　　　　　　　　　B. 应付票据

C. 应付账款　　　　　　　　　D. 货币资金

E. 存货

14. 企业于20××年12月20日取得的某项环保用固定资产,原价为300万元,使用年限

为10年,会计上采用直线法计提折旧,净残值为零。假定税法规定类似环保用固定资产采用加速折旧法计提的折旧可予税前扣除,该企业在计税时可采用双倍余额递减法计提折旧,净残值为零。第三年12月31日,企业估计该项固定资产的可收回金额为220万元。对于该项固定资产,在第三年12月31日下列说法正确的是( )。

  A. 该项固定资产的账面价值为220万元
  B. 该项固定资产的计税基础为192万元
  C. 该项固定资产应纳税暂时性差异为28万元
  D. 符合确认条件的情况下,应确认相应的递延所得税资产28万元
  E. 该项固定资产的可抵扣暂时性差异为28万元

15. 下列情况下会产生可抵扣暂时性差异的是( )。
  A. 资产的账面价值大于计税基础
  B. 资产的账面价值小于计税基础
  C. 负债的账面价值大于计税基础
  D. 负债的账面价值小于计税基础
  E. 以上四种情况均可

五、名词解释

1. 账面价值　　　　　　　　2. 计税基础
3. 暂时性差异　　　　　　　4. 应纳税暂时性差异
5. 可抵扣暂时性差异　　　　6. 递延所得税资产
7. 递延所得税负债　　　　　8. 所得税费用
9. 当期所得税　　　　　　　10. 递延所得税

六、思考题

1. 什么是账面价值和计税基础?
2. 如何确定资产的计税基础?
3. 如何确定负债的计税基础?
4. 如何确定应纳税暂时性差异?
5. 如何确定可抵扣暂时性差异?
6. 如何确定期末递延所得税资产金额?
7. 如何确定期末递延所得税负债金额?
8. 会计利润与应纳税所得额有什么联系与区别?
9. 当期所得税费用如何进行核算?
10. 递延所得税费用如何进行核算?

七、实务操作题

实务操作(13-1)

(一)目的:练习资产、负债计税基础的确定。

(二) 资料：某企业有关交易或事项如下：

1. 20××年1月1日，购入一项固定资产，原价为300万元，预计使用年限为10年，会计上采用直线法计提折旧，净残值为零。假定税法规定该项固定资产采用加速折旧法（双倍余额递减法）计提折旧可以税前扣除，净残值为零。20××年12月31日，企业为该项固定资产计提减值准备20万元。

2. 20××年年初，购入一项生产用设备，总价为3 000万元，会计上估计折旧年限为10年，按照税法规定其折旧年限为20年。会计与税法均按直线法计提折旧，净残值为零。20××年计提了12个月的折旧，年末未发生固定资产减值。

3. 20××年发生无形资产研究开发支出1 000万元，其中研究阶段支出200万元，开发阶段符合资本化条件以前发生支出200万元，符合资本化条件后发生支出600万元。税法规定企业无形资产研究开发支出可按150%加计扣除，该无形资产年末已达到预定用途。

4. 20××年1月1日，取得一项无形资产，成本为600万元，企业将其划分为使用寿命不确定的无形资产，年末测试未发生减值。税法规定该项无形资产可按10年期进行摊销，摊销额允许税前扣除。

5. 20××年10月，自公开市场取得一项权益性投资，支付价款800万元，企业作为交易性金融资产核算，并按公允价值计量，20××年12月31日该项权益性投资的市价为900万元。

6. 20××年购入原材料一批，成本为2 000万元，尚未领用，资产负债表日估计该批材料的可变现净值为1 600万元，计提了400万元的减值准备。假定该批材料的期初余额为零。

7. 20××年12月31日，应收账款的余额为3 000万元，期末企业计提了300万元的坏账准备。根据税法规定，按照应收账款期末余额的5‰计提的坏账准备允许税前扣除，假定企业期初应收账款和坏账准备的余额为零。

8. 20××年因销售产品承诺3年的售后保修服务，在当年度的利润表中确认了100万元的销售费用，同时确认为预计负债，当年未发生保修支出。假定税法规定与产品售后服务相关的费用在实际发生时允许税前扣除。

9. 20××年12月10日，收到客户预付的货款1 000万元，因不符合收入的确认条件，将其作为预收账款核算，按照税法规定，该项款项应计入当期的应纳税所得额计算应交所得税。

10. 20××年12月计入成本费用的职工工资1 600万元，同时作为应付职工薪酬核算。按照税法规定，当期计入成本费用的1 600万元工资支出中，有1 200万元符合计税工资标准，可税前扣除。

11. 20××年12月，企业因违反环保法规被罚款200万元，该项支出计入了当年的利润表，同时确认为资产负债表中的负债。税法规定该项罚款无论当期和以后各期计税时都不允许税前扣除。

12. 20××年开始正常生产经营活动前发生筹建费用600万元，该项费用在发生时已计入了当期损益，按照税法规定，企业筹建期间的费用允许在开始正常生产经营之后5年内分期计入应纳税所得额。

(三) 要求：根据上述交易或事项，计算20××年年末相关资产、负债的账面价值和计税基础。

实务操作(13-2)

(一) 目的: 练习应纳税暂时性差异和可抵扣暂时性差异的确认。
(二) 资料: 某企业有关交易或事项如实务操作(13-1)。
(三) 要求: 根据上述交易或事项,计算相关的应纳税暂时性差异和可抵扣暂时性差异。

实务操作(13-3)

(一) 目的: 练习递延所得税负债和递延所得税资产的确认。
(二) 资料: 某企业有关交易或事项如下:

1. 20××年1月1日,购入环保设备一项,取得成本为200万元,会计上采用直线法计提折旧,使用年限为10年,净残值为零。税法规定按双倍余额递减法计提折旧,使用年限和净残值与会计相同。企业适用的所得税税率为25%。

2. 20××年1月1日,购入一台生产机器,取得成本为5 000元,预计使用年限为5年,净残值为零,会计上按直线法计提折旧。税法规定按双倍余额递减法计提折旧,使用年限和净残值与会计相同。企业适用的所得税税率为15%。

3. 20××年1月1日,购入设备一项,取得成本为60 000元,会计上确定的使用年限为3年,采用直线法计提折旧,净残值为零。税法规定其折旧年限为5年,折旧方法和净残值与会计相同。企业适用的所得税税率为20%。

4. 继实务操作(13-1)、实务操作(13-2)提供的资料及其计算结果的有关数据,适用的所得税税率为20%。假定该企业初递延所得税负债和递延所得税资产余额为零。

(三) 要求: 根据上述交易或事项,计算相关的递延所得税负债或递延所得税资产,并编制有关会计分录。

实务操作(13-4)

(一) 目的: 练习当期所得税费用和递延所得税费用的核算。
(二) 资料: 某企业有关交易或事项如下:

1. 20××年利润表中的利润总额为1 200万元,适用的所得税税率为20%。在本年度的交易或事项中,会计处理和税收处理存在的差异如下:

(1) 期末持有存货计提了30万元的跌价准备。
(2) 应付违反环保规定罚款100万元。
(3) 不能税前扣除的现金捐款200万元。
(4) 当年无形资产研究开发支出为500万元,其中300万元资本化计入无形资产成本。税法规定企业可按研究开发支出的150%加计税前扣除。开发无形资产期末达到预定可使用状态。
(5) 年初购入固定资产一项,取得成本为600万元,使用年限为10年,净残值为零,会计规定按双倍余额递减法计提折旧。税法规定按直线法计提折旧,使用年限和净残值与会计规定相同。

2. 20××年资产负债表日有关资产、负债项目的账面价值与计税基础,如表13-1所示。

表 13-1　20××年资产负债表日有关资产、负债项目的账面价值与计税基础　　单位：万元

项目	账面价值	计税基础	暂时性差异	
			应纳税	可抵扣
存　货	800	830		30
固定资产	480	540		60
无形资产	300	0	300	
其他应付款	100	100		
合　计			300	90

(三) 要求：根据上述交易或事项，分别计算当期所得税费用和递延所得税费用，并编制有关会计分录。

实务操作(13-5)

(一) 目的：综合练习所得税各项业务的处理。

(二) 资料：某企业有关交易或事项如下：

1. 20××年年末企业利润表中利润总额为2 400万元，适用的所得税税率为25%，递延所得税资产和递延所得税负债无期初余额，另与所得税核算有关的情况如下：

(1) 会计处理与税收处理存在差异的交易或事项。

① 20××年1月开始计提折旧的一项固定资产，取得成本为1 200万元，会计规定和税法规定的使用年限均为10年，净残值为零。会计规定按双倍余额递减法计提折旧，税法规定用直线法计提折旧。

② 向关联企业捐赠现金400万元，税法规定不允许税前扣除。

③ 年度内发生研究开发支出1 000万元，其中600万元资本化计入无形资产成本，税法规定企业可按发生研究开发支出的150%加计税前扣除，无形资产已达到预定使用状态。

④ 应支付违反环保规定的罚款200万元。

⑤ 期末对库存存货计提跌价准备60万元。

(2) 20××年年末资产负债表中相关项目的账面价值与计税基础，如表13-2所示。

表 13-2　20××年年末资产负债表中相关项目的账面价值与计税基础　　单位：万元

项目	账面价值	计税基础	暂时性差异	
			应纳税	可抵扣
存　货	1 600	1 660		60
固定资产	960	1 080		120
无形资产	600	0	600	
其他应付款	200	200		
合　计			600	180

2. 继本实务操作资料1中有关资料，假定企业下一年应交所得税为924万元。资产负债表中有关资产、负债的账面价值和计税基础，如表13-3所示。

表 13-3　下一年年末资产负债表中有关资产、负债的账面价值和计税基础　　　　单位:万元

项　目	账面价值	计税基础	暂时性差异	
			应纳税	可抵扣
存　货	3 200	3 360		160
固定资产	728	960		232
无形资产	540	0	540	
预计负债	200	0		200
合　计			540	592

(三) 要求:根据上述交易或事项分别计算相关的暂时性差异、递延所得税负债和递延所得税资产、所得税费用,并编制有关的会计分录。

第十四章 利润及利润分配

学习指导

一、主要参考法规索引

1.《企业会计准则第 14 号——收入》(2017 年 3 月 31 日财政部重新修订发布,自 2018 年 1 月 1 日起施行)。

2.《企业会计准则第 14 号——收入》(应用指南)。

3.《企业会计准则第 16 号——政府补助》(2017 年 5 月 10 日重新修订并发布,自 2017 年 6 月 12 日起施行)。

4.《企业会计准则第 16 号——政府补助》(应用指南)。

5.《企业会计准则第 18 号——所得税》(2006 年 10 月 30 日财政部发布,自 2007 年 1 月 1 日起施行)。

6.《企业会计准则第 18 号——所得税》(应用指南)。

二、学习要点

1. 利润总额的构成内容。
2. 利润的计算与结转。
3. 利润分配的内容。
4. 利润分配的会计处理。
5. 政府补助的主要形式以及确认与计量。
6. 政府补助的核算。

三、重点、难点问题

1. 利润总额的计算。
2. 利润结转的账务处理。

3. 利润分配的账务处理。
4. 政府补助的核算。
5. 上年利润调整。

习题与实训

一、填空题

1. 企业利润总额等于_____加上_____减去_____的差额。
2. 营业利润是指营业收入减去营业成本、税金及附加减去_____、_____、_____、_____加上公允价值变动收益和_____的金额。
3. 营业外收入是指与企业生产经营活动没有直接关系的各种收入,其主要内容包括_____、_____、_____、_____和政府补助利得、接受捐赠资产收益及无法支付的应付款项。
4. 处置非流动资产利得,包括_____和_____等。
5. 企业发生的年度亏损,可以用下一年度的税前利润弥补;下一年度利润不足弥补的,可以在_____年内延续弥补。
6. 法定盈余公积金按照本年实现净利润的一定比例提取,股份公司按照公司法的规定按_____的比例提取。
7. 公司用盈余公积弥补亏损,借记"_____"账户,贷记"_____"账户。
8. 企业弥补亏损的途径一般有税前利润补亏、_____和_____。
9. 政府补助的主要形式分别为_____、_____、_____和_____。
10. 政府补助主要分为_____和_____两大类。
11. 政府补助的非货币性资产应按_____计量。
12. 净利润是指利润总额减去_____后的净额。

二、判断题

1. "本年利润"账户是将收入与费用进行配比的核心账户,它核算企业实现的净利润额。
(　　)
2. 企业取得的各项罚款收入列入其他业务成本。(　　)
3. 企业确实无法收回的应收账款列入营业外支出。(　　)
4. "利润分配——未分配利润"账户的年末贷方余额为历年积存的未分配利润数额。
(　　)
5. 企业在弥补亏损和提取法定盈余公积前,一般不得分配利润。(　　)
6. 股份制企业年终利润分配时,提取任意盈余公积以前,必须先向优先股分配股利。
(　　)
7. 与资产相关的政府补助在实际收到补助款时计入当期收益。(　　)
8. 与收益有关的政府补助在实际收到补助款时计入当期收益。(　　)
9. 政府补助已发生损失的款项在实际收到时计入当期损益。(　　)
10. 以前年度损益调整项目,是指那些不列入利润表而直接调整留存收益期初余额的项目。
(　　)

三、单项选择题

1. 营业利润不包括下列项目中的（　　）。
   A. 营业收入　　　　　　　　　　B. 营业成本
   C. 期间费用　　　　　　　　　　D. 所得税费用

2. 下列项目中不属于营业外支出的是（　　）。
   A. 罚款支出　　　　　　　　　　B. 接受捐赠
   C. 非常损失　　　　　　　　　　D. 债务重组损失

3. 下列项目中不属于营业外收入的是（　　）。
   A. 劳务收入　　　　　　　　　　B. 无法支付的应付款项
   C. 罚款收入　　　　　　　　　　D. 处理报废固定资产净收益

4. "本年利润"属于所有者权益账户，其期末余额为企业的（　　）。
   A. 利润总额　　　　　　　　　　B. 净利润（或亏损）
   C. 营业利润（或亏损）　　　　　D. 主营业务利润（或亏损）

5. 某企业购入一项专利，支付费用 100 000 元，摊销期为 5 年。购买一年后该企业将其转给其他单位，所得转让收入 98 000 元，按收入额 6% 计算缴纳增值税，此项业务使企业取得"资产处置收益"为（　　）元。
   A. 98 000　　　B. 20 000　　　C. 18 000　　　D. 12 120

6. 企业进行年终利润结转后，可能有余额的账户是（　　）。
   A. "本年利润"　　　　　　　　　B. "利润分配——未分配利润"
   C. "利润分配——盈余公积补亏"　D. "利润分配——提取盈余公积"

7. 以下项目中，可用以弥补亏损的是（　　）。
   A. 应交税费　　B. 应收账款　　C. 盈余公积　　D. 实收资本

8. 下列项目中，不通过"利润分配"账户进行核算的内容包括（　　）。
   A. 弥补以前年度亏损　　　　　　B. 提取公积金
   C. 计算应交所得税　　　　　　　D. 应分配给投资者利润

9. 某企业年度发生亏损 100 000 元，按规定可以用以后年度的税前利润弥补。该企业"利润分配"账户当年应（　　）。
   A. 借：利润分配——应由以后年度利润弥补　　100 000
       贷：利润分配——未分配利润　　　　　　　　　100 000
   B. 借：其他应收款　　　　　　　　　　　　　100 000
       贷：利润分配——未分配利润　　　　　　　　　100 000
   C. 借：盈余公积　　　　　　　　　　　　　　100 000
       贷：利润分配——未分配利润　　　　　　　　　100 000
   D. 不作账务处理

10. 确认为当期政府补助的收入应计入（　　）。
    A. 管理费用　　　　　　　　　　B. 其他业务收入
    C. 营业外收入　　　　　　　　　D. 补贴收入

11. 不能准确取得公允价值的非货币性政府补助按（　　）计量。
    A. 名义金额　　　　　　　　　　B. 市场估价
    C. 协议价格　　　　　　　　　　D. 重置价值

12. 为核算政府补助设立的主要账户是（　　）。
   A. "补贴收入" B. "其他业务收入"
   C. "递延收益" D. "投资收益"

13. 下列项目中,不应记入"营业外收入"账户的是（　　）。
   A. 接受捐赠 B. 出租固定资产收益
   C. 处置报废固定资产收益 D. 取得客户违反合同的罚款

14. 某企业本期主营业务利润为 90 万元,其他业务利润为 10 万元,投资收益为 20 万元（借方）,管理费用为 10 万元,销售费用为 15 万元,营业外支出为 5 万元。该企业本期营业利润为（　　）万元。
   A. 95 B. 55 C. 75 D. 90

15. 某企业本月出售商品取得收入 20 000 万元,出售固定资产取得变价收入 25 000 万元,接受捐赠取得收入 10 000 万元,提供劳务取得收入 1 600 万元。则本月营业收入为（　　）万元。
   A. 60 000 B. 21 600
   C. 20 000 D. 46 600

16. 某企业本月主营业务收入为 1 000 万元,其他业务收入为 300 万元,营业外收入为 80 万元,投资收益（贷方）为 200 万元,主营业务成本为 800 万元,其他业务成本为 100 万元,销售费用为 50 万元,公允价值变动损益（借方）为 40 万元,资产减值损失（借方）为 60 万元。该企业本期营业利润为（　　）万元。
   A. 570 B. 530 C. 450 D. 470

四、多项选择题

1. 下列项目中构成利润总额的因素有（　　）。
   A. 营业利润 B. 所得税费用
   C. 投资净收益 D. 直接计入当期利润的利得和损失
   E. 期间费用

2. 构成营业利润的因素有（　　）。
   A. 投资净收益 B. 主营业务收入
   C. 主营业务成本 D. 其他收益
   E. 其他业务收入

3. 以下项目中的（　　）应列为营业外支出。
   A. 公益性捐赠支出 B. 资产减值损失
   C. 违约罚金支出 D. 固定资产盘亏净损失
   E. 投资净损失

4. 以下项目中的（　　）应列为营业外收入。
   A. 固定资产盘盈净收益 B. 罚没利得
   C. 处理有价证券收益 D. 出租包装物租金
   E. 接受捐赠资产收益

5. 下列是"利润分配"账户的明细账户有（　　）。
   A. "盈余公积补亏" B. "提取法定（任意）盈余公积"

C. "应付优先股股利" D. "未分配利润"
E. "应付普通股股利"

6. 企业发生年度亏损时,可以按照财务制度规定,根据不同情况用(　　)弥补亏损。
   A. 盈余公积 B. 实收资本
   C. 以后年度实现税前利润 D. 以后年度实现税后利润
   E. 资本公积

7. 政府补助的主要形式有(　　)。
   A. 财政拨款 B. 财政贴息
   C. 税收返还 D. 无偿划拨非货币性资产
   E. 核减上交税款

8. 下列账户中,期末一般没有余额的有(　　)。
   A. "销售费用" B. "财务费用"
   C. "管理费用" D. "递延收益"
   E. "生产成本"

9. 政府补助的计量金额通常情况下包括(　　)。
   A. 实际收到拨款数额 B. 公允价值
   C. 名义金额 D. 市场价格
   E. 协议价格

10. 关于重大会计差错下列表述正确的有(　　)。
    A. 使公布的财务报表不再具有可靠性
    B. 差错事项占该类事项金额10%及以上
    C. 因会计估计所引起的误差
    D. 当期发生的会计误差
    E. 估计的坏账损失可能与后期实际发生额不一致

11. 下列各项中,应当计入企业利润总额的有(　　)。
    A. 营业利润 B. 资产处置损益
    C. 营业外收入 D. 营业外支出
    E. 所得税费用

12. 下列项目中,作为当期营业利润扣除项目的有(　　)。
    A. 销售价款中包含的增值税 B. 本期无形资产摊销额
    C. 实际发生的广告费支出 D. 报废无形资产发生的净损失
    E. 工业企业销售多余材料的成本

13. 下列账户中,应于期末将余额结转"本年利润"账户的有(　　)。
    A. "所得税费用" B. "投资收益"
    C. "营业外支出" D. "制造费用"
    E. "公允价值变动净收益"

14. 直接计入当期利润的利得和损失包括(　　)。
    A. 固定资产盘盈 B. 债务重组收益
    C. 捐赠支出 D. 非常损失
    E. 政府补助利得

15. 利润分配的内容一般包括（　　　　）。
    A. 补亏
    B. 提取法定盈余公积
    C. 应付股东的现金股利
    D. 提取任意盈余公积
    E. 应付给投资者的利润

五、名词解释

1. 利润
2. 营业利润
3. 利润总额
4. 净利润
5. 利润分配
6. 政府补助
7. 财政贴息
8. 税收返还
9. 财政拨款
10. 前期损益调整

六、思考题

1. 简述营业利润的组成内容。
2. 简述利润总额的组成内容。
3. 简述营业外支出的内容。
4. 简述营业外收入的内容。
5. 简述"本年利润"账户的结构特点。
6. 简述利润分配的主要内容。
7. 什么是财政补助？其补助的主要形式有哪些？
8. 不同类别的政府补助在核算上有哪些区别？
9. 简述政府补助的分类与确认。
10. 什么是前期损益调整？引起前期损益调整的原因主要有哪些？

七、实务操作题

实务操作（14-1）

（一）目的：练习利润形成的核算。

（二）资料：甲公司为增值税一般纳税人，适用的增值税税率为13%，商品原材料售价中不含增值税。假定销售商品、原材料和提供劳务均符合时点或时段收入的确认条件，其成本在确认收入时逐笔结转，不考虑其他因素。20××年4月，甲公司发生如下交易或事项：

1. 销售商品一批，按商品标价计算的金额为200万元，由于是成批销售，甲公司给予客户10%的商业折扣并开具了增值税专用发票，款项尚未收回。该批商品实际成本为150万元。
2. 向本公司行政管理人员发放自产产品作为福利，该批产品的实际成本为8万元，市场售价为10万元。
3. 向乙公司转让一项软件的使用权，一次性收取使用费20万元并存入银行，且不再提供后续服务，适用的增值税税率为6%。
4. 销售一批原材料，增值税专用发票上标明售价为80万元，款项收到并存入银行。该批材料的实际成本为59万元。

5. 将以前会计期间确认的与资产相关的政府补助在本月分配计入当月收益 300 万元。

6. 确认本月设备安装劳务收入。该设备安装劳务合同总收入为 100 万元,预计合同总成本为 70 万元,合同价款在前期签订合同时已收取。采用履约进度确认劳务收入。截至本月末,该劳务的履约进度为 60%,前期已累计确认劳务收入 50 万元、劳务成本 35 万元。

7. 以银行存款支付管理费用 20 万元、财务费用 10 万元、营业外支出 5 万元。

(三) 要求:

1. 逐笔编制甲公司上述交易或事项的会计分录。
2. 计算甲公司 4 月的营业收入、营业成本、营业利润、利润总额。

实务操作(14-2)

(一) 目的:练习利润的形成及分配的核算。

(二) 资料:

1. 某企业 20××年年初"利润分配——未分配利润"账户贷方余额为 270 万元。20××年年末有关账户余额,如表 14-1 所示。

表 14-1　　　　　　　　　　20××年年末有关账户余额　　　　　　　　　　单位:万元

账户名称	方　　向	金　　额
主营业务收入	(贷方)	5 000
其他业务收入	(贷方)	200
营业外收入	(贷方)	40
投资收益	(贷方)	30
公允价值变动损益	(借方)	15
主营业务成本	(借方)	2 800
其他业务成本	(借方)	100
税金及附加	(借方)	50
销售费用	(借方)	30
管理费用	(借方)	120
财务费用	(借方)	25
资产减值损失	(借方)	60
营业外支出	(借方)	70

2. 本企业所得税税率为 25%,无纳税暂时性差异。

(三) 要求:

1. 计算企业的营业利润、利润总额、所得税费用、净利润,并结转有关账项。
2. 按当年净利润 10% 的比例计算提取法定盈余公积金。
3. 按当年净利润 5% 的比例计算提取任意盈余公积金。
4. 按当年净利润 15% 的比例向股东分配现金股利。
5. 将有关账户余额结转"利润分配——未分配利润"账户,计算年末未分配利润数额。

实务操作(14-3)

(一) 目的:练习政府补助的核算。

(二) 资料:

1. 甲公司20××年1月1日购入一套污水处理设备,确认的购入成本为600 000元,增值税进项税额为78 000元,款项使用银行存款付清。该污水处理设备使用期为10年,按照直线法计提折旧,无残值。依据国家相关政策取得政府补助240 000元,款项拨付到企业银行存款账户。第八年年末,该污水处理设备报废。

2. 20××年3月1日,甲公司接到当地政府150 000元的政府补助,以鼓励其安排相关的残疾人员就业,期限为两年,款项已转入该公司账户。

3. 20××年3月15日,乙公司接当地政府通知,向其提供政府补助100 000元,款项存入银行,以鼓励其在环境保护方面继续采取相关措施,期限为两年。

4. 计算结转本年度应由递延收益补偿的安排残疾人支出50 000元。

5. 甲公司为生产环保产品领用材料40 000元,应付职工薪酬15 000元。与该项支出有关的政府补助为30 000元。

6. 20××年6月30日,丙公司收到政府补助50 000元,用于补偿其已发生的某项管理费用。

7. 某企业因遭受地震灾害,收到政府补助320 000元,款项存入企业银行存款账户。

(三) 要求:根据上述经济业务,编制有关的会计分录。

实务操作(14-4)

(一) 目的:练习以前年度损益调整的核算。

(二) 资料:某公司在20××年发现,上一年少计算了一项固定资产的折旧费用100 000元,假设上一年该公司适用的所得税税率为25%,按净利润的10%提取法定盈余公积。

(三) 要求:根据上述经济业务,作出相应的账务处理。

第十五章 财务会计报告

学习指导

一、主要参考法规索引

1.《企业会计准则第 30 号——财务报表列报》(2014 年 1 月 26 日财政部修订发布,自 2014 年 7 月 1 日起施行)。

2.《企业会计准则第 30 号——财务报表列报》(应用指南)。

3.《企业会计准则第 31 号——现金流量表》(2006 年 10 月 30 日财政部发布,自 2007 年 1 月 1 日起施行)。

4.《企业会计准则第 31 号——现金流量表》(应用指南)。

5.《企业会计准则第 32 号——中期财务报告》(2006 年 10 月 30 日财政部发布,自 2007 年 1 月 1 日起施行)。

6.《企业会计准则第 32 号——中期财务报告》(应用指南)。

7.《企业会计准则第 35 号——分部报告》(2006 年 10 月 30 日财政部发布,自 2007 年 1 月 1 日起施行)。

8.《企业会计准则第 35 号——分部报告》(应用指南)。

二、学习要点

1. 财务会计报告的概念及作用。
2. 财务会计报告的分类及编制要求。
3. 财务会计报告编制前的准备工作。
4. 资产负债表的概念、作用、结构及编制方法。
5. 利润表的概念、作用、结构及编制方法。
6. 现金流量表的概念、作用、结构及编制方法。
7. 财务会计报告附注的形式与内容。

三、重点、难点问题

1. 财务会计报告编制前的准备工作。
2. 资产负债表的编制方法。
3. 利润表的编制方法。
4. 现金流量表编制的方法。

习题与实训

一、填空题

1. 财务会计报告是企业对外提供的反映某一特定日期的_____和某一会计期间的_____、_____等会计信息的文件。
2. 年度财务会计报告包括_____及其_____和其他应在财务会计报告中披露的相关_____。
3. 财务会计报告按服务对象可分为_____和_____,按反映的内容可分为_____和_____。
4. 目前国际上流行采用的资产负债表格式有_____和_____两种。
5. 目前国际上流行采用的利润表格式主要有_____和_____两种。
6. 现金流量是指企业现金及现金等价物的_____和_____。现金流量分为_____、_____和_____。
7. 编制现金流量表的工作底稿法,其格式纵向分为_____、_____和_____。
8. 重要会计报表项目的明细说明应当以_____和_____描述相结合进行披露,并与报表项目相互参照。
9. 经营活动产生的现金流入项目主要有_____、_____收到的现金,收到的_____,收到的其他与经营活动有关的现金。
10. 筹资活动产生的现金流出项目主要有_____支付的现金,_____或_____支付的现金,支付的其他与筹资活动有关的现金。

二、判断题

1. 财务会计报告按其编制单位可以分为个别财务会计报告和合并财务会计报告。(   )
2. 资产负债表的各项目应分别根据相应账户的期末余额抄列填制。(   )
3. 资产负债表中的"货币资金"项目反映企业现金和银行存款的期末余额合计数。(   )
4. 利润表是反映企业一定会计期间经营成果的会计报表。(   )
5. 利润表的营业收入和营业成本项目分别反映企业主营业务和其他业务确认的收入总额和实际成本总额。(   )
6. 资产负债表是反映企业一定会计期间财务状况、经营活动情况和现金流量的报表。(   )

7. 企业的月度、季度和年度财务会计报告均应同时报送财务会计报告附注。（ ）
8. 利润表中的营业利润根据"营业收入"和"营业成本"两个账户的发生额分析填列。（ ）
9. 投资活动产生的现金流入专指收回投资业务及取得投资收益所收到的现金。（ ）
10. 经营活动产生的现金流出专指购买商品业务和接受劳务业务所支付的现金。（ ）

三、单项选择题

1. 资产负债表中所有者权益各项目的先后是按照（   ）顺序排列的。
   A. 填报数额的大小   B. 到期日的远近
   C. 永久性递减   D. 流动性快慢顺序
2. 在资产负债表中列示的下列项目中按所属明细账户的余额直接填列的是（   ）。
   A. 在建工程   B. 货币资金
   C. 预收账款   D. 未分配利润
3. 处置固定资产净收入在现金流量表的（   ）项目中反映。
   A. 经营活动现金流量   B. 投资活动现金流量
   C. 筹资活动现金流量   D. 不影响企业现金流量
4. 下列各项业务引起企业现金净额发生变化的是（   ）。
   A. 将现金存入开户银行
   B. 用企业设备清偿债务
   C. 用银行存款支付购货款
   D. 用现金购入3个月内到期的债券
5. "支付的各项税费"应填报的现金流量表项目是（   ）。
   A. 经营活动现金流量   B. 筹资活动现金流量
   C. 投资活动现金流量   D. 不影响现金流量变化的业务
6. 现金流量表中"偿还债务所支付的现金"项目反映企业（   ）。
   A. 现金偿还债务的本金   B. 现金偿还债券的利息
   C. 现金偿还借款的利息   D. 现金偿还债务的本金和利息
7. 下列应在利润表中反映的项目是（   ）。
   A. 向投资者分配利润   B. 公允价值变动净收益
   C. 坏账准备   D. 年初未分配利润
8. 下列在利润表中反映的项目是（   ）。
   A. 未分配利润   B. 资本公积金
   C. 营业利润   D. 提取法定公益金
9. 我国会计制度规定现行资产负债表采用的格式为（   ）。
   A. 报告式   B. 账户式
   C. 单步式   D. 多步式
10. 某企业期末"原材料"账户借方余额为20万元，"库存商品"账户借方余额为10万元，"材料成本差异"账户借方余额为2万元，"商品进销差价"账户贷方余额为5万元，资产负债表中的"存货"项目应填列的数额为（   ）万元。
    A. 37   B. 27   C. 22   D. 25

四、多项选择题

1. 下列账户余额应在资产负债表"货币资金"项目中反映的有（　　）。
   A. "库存现金"　　　　　　　　　B. "其他货币资金"
   C. "银行存款"　　　　　　　　　D. "长期借款"
   E. "短期借款"

2. 下列账户余额应在资产负债表"存货"项目中反映的有（　　）。
   A. "材料采购"　　　　　　　　　B. "周转材料"
   C. "存货跌价准备"　　　　　　　D. "生产成本"
   E. "委托加工物资"

3. 现金等价物具有以下特点（　　）。
   A. 期限短　　　　　　　　　　　B. 流动性强
   C. 易于转换为已知金额的现金　　D. 价值变动风险很小
   E. 价值变动风险大

4. 财务会计报告附注的内容主要有（　　）。
   A. 企业的基本情况　　　　　　　B. 财务报表编制基础
   C. 遵循会计准则的声明　　　　　D. 重要会计政策和会计估计
   E. 前期销售收入的调整

5. 经营活动产生的现金流量中"支付的各项税费"项目包括（　　）。
   A. 本期支付的教育费附加　　　　B. 本期支付的印花税
   C. 本期支付的房产税　　　　　　D. 本期支付的罚款
   E. 本期支付的招待费

6. 下列属于筹资活动产生的现金流量项目的有（　　）。
   A. 吸收投资收到现金　　　　　　B. 取得借款收到现金
   C. 偿还债务支付现金　　　　　　D. 分配股利支付现金
   E. 偿还利息支付现金

7. 下列各项中在利润表中填列的内容为（　　）。
   A. 税金及附加　　　　　　　　　B. 所得税费用
   C. 公允价值变动净收益　　　　　D. 利润总额
   E. 未确认融资费用

8. 下列属于所有者权益变动表列报的项目有（　　）。
   A. 综合收益总额　　　　　　　　B. 提取盈余公积
   C. 前期差错更正　　　　　　　　D. 资本公积转增资本
   E. 盈余公积弥补亏损

9. 编制现金流量表的技术方法主要有（　　）。
   A. 工作底稿法　　　　　　　　　B. T形账户法
   C. 复式分录法　　　　　　　　　D. 分析填列法
   E. 权益结合法

10. 中期财务报告包括的内容有（　　）。
    A. 月度财务会计报告　　　　　　B. 季度财务会计报告

C. 半年度财务会计报告 D. 年度财务会计报告
  E. 财务会计报告旬报
11. "合同成本"账户期末余额应根据其流动性分别填入资产负债表的（　　）项目。
  A. 合同成本 B. 其他非流动资产
  C. 其他流动资产 D. 一年内到期的非流动资产
  E. 其他资产
12. "合同履约成本"账户期末余额应根据其流动性分别填入资产负债表的（　　）项目。
  A. 存货 B. 其他非流动资产
  C. 其他流动资产 D. 长期待摊费用
  E. 无形资产

五、名词解释
1. 财务会计报告
2. 资产负债表
3. 利润表
4. 现金流量表
5. 现金净流量
6. 财务会计报告附注

六、思考题
1. 如何对财务会计报告进行分类？
2. 财务会计报告的编制要求具体有哪些？
3. 简述我国企业编制的资产负债表的结构及项目分类。
4. 简述资产负债表期末数各项目的内容及填列方法。
5. 简述我国企业编制的利润表的结构。
6. 利润表中上年金额与本年金额各项目的填列应采用什么方法？
7. 如何对企业现金流量进行分类？
8. 现金流量表填制的基本方法是什么？
9. 工作底稿的格式及编制程序是怎样的？
10. 财务会计报告附注主要填写哪些内容？
11. 所有者权益变动表的内容结构。
12. 其他综合收益的税后净额的具体内容。

七、实务操作题

实务操作(15-1)

（一）目的：练习资产负债表的编制。
（二）资料：
1. 丙公司为增值税一般纳税人，适用的增值税税率为13%，所得税税率25%，存货按计划成本进行核算，20××年12月31日经过对账、转账、结账后，有关账户的期末余额如表15-1所示。

表 15-1 账户余额表

20××年12月31日　　　　　　　　　　　　　　　　　　　　　　单位:元

资产账户名称	账户余额（借方）	负债与所有者权益账户名称	账户余额（贷方）
库存现金	23 600	短期借款	500 000
银行存款	1 498 000	应付票据	210 500
其他货币资金	19 740	应付账款	665 000
交易性金融资产	20 000	合同负债	50 000
应收票据	200 000	应付职工薪酬	168 000
应收账款	449 000	应付股利	90 800
其他应收款	54 500	应付利息	34 000
坏账准备（贷方余额）	15 000	应交税费	79 450
应收股利	30 000	长期借款	1 600 000
合同资产	70 000	递延所得税负债	80 400
材料采购	300 000	预计负债	139 000
原材料	80 000	其他应付款	50 000
周转材料	10 000	股本	4 210 000
库存商品	233 600	其他权益工具	65 000
材料成本差异	2 000	资本公积	283 300
存货跌价准备（贷方余额）	7 690	其他综合收益	17 500
债权投资	100 000	盈余公积	154 000
其他权益工具投资	13 000	利润分配（未分配利润）	236 400
长期股权投资	350 000		
长期股权投资减值准备（贷方余额）	14 500		
固定资产	3 310 100		
累计折旧（贷方余额）	235 000		
固定资产减值准备（贷方余额）	95 000		
固定资产清理	35 000		
在建工程	820 000		
工程物资	140 000		
无形资产	950 000		
累计摊销（贷方余额）	80 000		
合同履约成本	49 000		
应收退货成本	160 000		
长期待摊费用	163 000		
合计	8 633 350	合计	8 633 350

2. 有关明细账户核算资料：
(1)"坏账准备"账户期末余额全部为应收账款计提的坏账准备。
(2)"合同资产"账户期末余额中一年内转出的为 52 000 元。
(3)"合同履约成本"账户期末余额中一年内转销的为 29 000 元。
(4)"应收退货成本"账户期末余额中一年内转销的为 60 000 元。
(5)"合同负债"账户期末余额中一年内转销的为 20 000 元。
(6)"应交税费"账户期末余额全部为未交增值税。
(7)"长期借款"账户期末余额中一年内到期归还的为 300 000 元。
(8)"预计负债"账户期末余额中一年内转销的应付退货款为 45 000 元。
(9)"其他权益工具"账户余额全部为优先股。
(10)"长期待摊费用"账户期末余额中一所内分摊的为 50 000 元。

(三) 要求：
根据资料 1、2 提供的经济业务，编制 20××年 12 月 31 日的资产负债表。

实务操作(15-2)

(一) 目的：练习利润表的编制。
(二) 资料：
1. 丙公司 20××年度有关损益账户的发生额如表 15-2 所示。

表 15-2　　　　　　　　　　　账户发生额表
20××年度　　　　　　　　　　　　　　　　　　　　单位：元

账户名称	借方发生额	贷方发生额
主营业务收入		800 000
主营业务成本	620 000	
其他业务收入		150 000
其他业务成本	110 000	
税金及附加	13 000	
销售费用	19 000	
管理费用	75 000	
财务费用	36 000	
资产减值损失	17 000	
信用减值损失	9 500	
投资收益		31 000
公允价值变动收益	24 000	
资产处置收益		18 000
营业外收入		9 000
营业外支出	27 000	
所得税费用	17 400	
其他综合收益		17 500

2. 有关明细账户核算余额的说明：

(1) 管理费用中研发费用为 42 000 元。

(2) 财务费用中利息费用为 12 000 元、利息收入为 8 000 元。

(3) 营业外支出中非流动资产处置损失为 8 500 元。

(4) 其他综合收益中其他权益工具投资公允价值变动为 11 000 元，其他债权投资公允价值变动为 6 500 元。

(三) 要求：

根据资料 1、2 提供的经济业务，编制 20×× 年度的利润表。

实务操作(15-3)

(一) 目的： 练习现金流量表的编制。

(二) 资料：

丙公司 20×× 年度发生多项经济业务，经分析确认与现金流量有关的经济业务如表 15-3 所示。

表 15-3　　　　　　　　　　涉及现金流量业务表

20×× 年度　　　　　　　　　　　　　　　　　　　单位：元

序号	业务编号	业务具体内容	金额
1	(1)	以银行存款支付购入材料价税款	69 600
2	(2)	以银行存款支付前购入材料到期的商业汇票款	40 000
3	(3)	以银行存款支付购入生产用材料价税款	46 307.20
4	(6)	出售交易性金融资产收取价款存入银行	6 600
5	(7)	以银行存款支付购入设备价税款	40 400
6	(8)	以银行存款支付购入工程材料价税款	60 000
7	(13)	收到报废固定资产残值净收入存入银行	120
8	(14)	取得长期借款存入银行存款户	160 000
9	(15)	收到销售商品价税款存入银行	324 800
10	(16)	收到前销售商品的商业汇票款存入银行	80 000
11	(17)	收到长期股权投资分配的现金股利存入银行	12 000
12	(18)	收到出售固定资产价税款存入银行	139 200
13	(19)	用银行存款归还到期的短期银行借款	100 000
14	(20)	用银行存款支付短期银行借款利息	5 000
15	(21)	从银行提取现金准备发放职工工资	200 000
16	(22)	以现金支付职工工资 　其中：生产经营人员工资 　　　　工程人员工资	200 000 120 000 80 000
17	(32)	收到前销售商品欠款存入银行	20 400

续　表

序号	业务编号	业务具体内容	金额
18	(34)	用银行存款支付广告费	8 000
19	(37)	收到销售商品的商业汇票贴现款存入银行	108 000
20	(38)	从银行提取现金备用	2 000
21	(39)	用现金支付董事会管理费用	20 000
22	(42)	以银行存款支付生产设备租金	800
23	(43)	以银行存款缴纳增值税	40 000
24	(49)	以银行存款缴纳企业所得税	38 835.60
25	(50)	用银行存款归还到期的长期借款	400 000
26	(51)	用银行存款支付购入股票款	60 000

(三) 要求：

根据表 15-3 提供的资料，编制 20××年度的现金流量表（分析填列法）。

综 合 操 作 题

综合操作说明：本综合实务操作是在完成《基础会计》和《财务会计》相关知识和实务操作学习的基础上，综合运用已经掌握的知识和能力，进行的综合知识和操作能力练习。它既是对前已学知识和能力的检查和巩固，又有相关内容的适度延深和拓展（如引出外币折算、债务重组、非货币性资产交换等最基本业务），引发学生思考，提高其学习兴趣，为学习有关后续课程奠定较好基础。

综合操作主要资料：

（1）祥瑞股份有限公司20××年年初基本情况介绍及上一年12月31日的资产负债表；

（2）祥瑞股份有限公司20××年度部分典型经济业务。

综合操作目标要求：

（1）根据祥瑞股份有限公司20××年度部分典型经济业务编制记账凭证（以会计分录代替）；

（2）根据编制的记账凭证登记总分类账户和相关明细分类账户（本综合操作以表代账），编制20××年12月31日的账户余额试算平衡表；

（3）编制20××年12月31日的资产负债表和20××年度的利润表。

综合操作内容如下：

一、祥瑞股份有限公司（以下简称祥瑞公司）20××年年初基本情况如下：

（1）公司执行国家统一颁发的《企业会计准则》。拥有一家子公司——永安有限责任公司（以下简称永安公司）60%的所有者权益。

（2）公司为增值税一般纳税人，适用13%的增值税税率和25%的企业所得税税率，所得税采用资产负债表债务法进行核算。

（3）公司存货采用实际成本法进行核算，年初原材料实际成本39 000 000元、库存商品25 200 000元、低值易耗品1 900 800元，合计为66 100 800元。

（4）公司应收账款余额为16 848 000元，以前年度没有计提坏账准备，自20××年起采用账龄分析法计提坏账准备。此项会计政策变更采用未来适用法。

（5）公司为投产一批新产品，于上一年12月起自行建造一项固定资产，已经用自有资金购入工程物资1 277 544元，形成在建工程6 240 000元。

（6）公司长期待摊费用600 000元，其中：租入生产车间的改良支出金额为480 000元，在未来两年之内摊销；印花税金额为120 000元，在未来一年内摊销。

（7）公司债权投资金额为6 000 000元，其中一年内到期的金额为2 400 000元。

（8）公司固定资产账面原值数额为158 083 764元，其累计折旧数额为59 408 088元，其减值准备数额为23 760 000元。

（9）公司长期借款数额为33 000 000元，其中一年内到期的数额为9 000 000元。

（10）公司上一年12月31日的资产负债表和有关账户说明如附表1-1和附表1-2所示。

附表 1-1　　　　　　　　　　　　　资产负债表　　　　　　　　　　　　　会企 01 表
编制单位:祥瑞股份有限公司　　　　　　上年 12 月 31 日　　　　　　　　　　单位:元

资　产	期末金额	负债和所有者权益	期末金额
流动资产:		流动负债:	
货币资金	44 746 776	短期借款	14 400 000
交易性金融资产	7 320 000	交易性金融负债	
衍生金融资产		应付票据及应付账款	63 794 520
应收票据及应收账款	21 270 960	预收款项	1 404 000
预付款项	1 298 400	合同负债	
其他应收款	930 000	应付职工薪酬	
存货	66 100 800	应交税费	
合同资产		其他应付款	1 320 000
持有待售资产		持有待售负债	
一年内到期的非流动资产	2 400 000	一年内到期的非流动负债	9 000 000
其他流动资产		其他流动负债	
流动资产合计	144 066 936	流动负债合计	89 918 520
非流动资产:		非流动负债:	
债权投资	3 600 000	长期借款	24 000 000
其他债权投资	5 323 140	应付债券	7 020 000
长期应收款		其中:优先股	
长期股权投资	50 482 800	永续债	7 020 000
其他权益工具投资		长期应付款	
其他非流动金融资产		预计负债	360 000
投资性房地产		递延收益	
固定资产	74 915 676	递延所得税负债	
在建工程	7 517 544	其他非流动负债	
生产性生物资产		非流动负债合计	31 380 000
油气资产		负债合计	121 298 520
无形资产	3 780 000	所有者权益:	
开发支出		实收资本(股本)	120 000 000
商誉		其他权益工具	
		其中:优先股	
		永续债	
长期待摊费用	600 000	资本公积	49 920 816
递延所得税资产	5 940 000	减:库存股	
其他非流动资产		其他综合收益	
非流动资产合计	152 159 160	盈余公积	2 225 160
		未分配利润	2 781 600
		所有者权益合计	174 927 576
资产总计	296 226 096	负债和所有者权益总计	296 226 096

附表 1-2　　　　　　　　　　相关账户期初余额及备注说明

报表项目	账户名称	借方余额	贷方余额	备注
货币资金	库存现金	180 000		
	银行存款	44 566 776		
	其他货币资金	0		
应收票据及应收账款	应收票据	4 422 960		
	应收账款	16 848 000		
	坏账准备		0	
其他应收款	应收利息	480 000		
	应收股利	420 000		
	其他应收款	30 000		
存货	原材料	39 000 000		
	库存商品	25 200 000		
	低值易耗品	1 900 800		
	存货跌价准备		0	
债权投资	债权投资	6 000 000		其中：一年内到期 2 400 000
固定资产	固定资产	158 083 764		
	累计折旧		59 408 088	
	固定资产减值准备		23 760 000	
在建工程	在建工程	6 240 000		
	工程物资	1 277 544		
无形资产	无形资产	3 780 000		
	累计摊销		0	
	无形资产减值准备		0	
应付票据及应付账款	应付票据		7 560 000	
	应付账款		56 234 520	
其他应付款	应付利息		900 000	
	应付股利		0	
	其他应付款		420 000	
长期借款	长期借款		33 000 000	其中：一年内到期 9 000 000

说明：其他的资产类账户和负债类账户期初余额与报表项目数额一致或为零。
　　　成本类各账户期初余额为零。
　　　收益类各账户期初余额为零。

二、祥瑞公司20××年度典型经济业务

企业每年要发生大量的经济业务,每项经济业务都会对企业的财务状况或经营成果产生影响。经济业务发生后,财会人员应进行"确认—计量—记录—报告"等工作。祥瑞公司20××年发生经济业务如下:

(1) 购买金融资产。1月1日,购买复兴债券,该债券剩余期限5年,划分为债权投资。债券的公允价值1 080 000元,交易费用60 000元,每年按票面利率可获得固定利息48 000元。

(2) 提取现金备用。1月6日,开出现金支票从银行提取现金2 760 000元,准备发放第一季度职工工资。(为简化案例,假定按季度发放工资,下同)

(3) 分配工资费用。1月6日,分配工资费用2 760 000元,其中:基本生产车间工人工资1 320 000元、车间管理人员工资420 000元、公司管理人员工资300 000元、销售人员工资540 000元、在建工程人员工资60 000元、专利技术研发人员工资120 000元,专利技术研发尚处于研究阶段,研究费用费用化(如处开发阶段,研发费用资本化)。

据当地政府规定,公司分别按工资总额的10%、12%、2%和10.5%计提医疗保险费、养老保险费、失业保险费和住房公积金,分别缴纳给当地社会保险经办机构和住房公积管理机构。据上年情况,本年度应当承担的职工福利费义务金额为职工工资总额的2%。公司分别按职工工资总额的2%和1.5%计提工会经费和职工教育经费。

(4) 发放职工工资。1月6日,以现金支付职工工资2 760 000元。

(5) 生产领用材料。1月6日,生产车间生产产品领用原材料一批,实际成本15 600 000元,领用低值易耗品实际成本168 000元,按一次摊销法摊销。

(6) 购入材料入库。1月7日,购入原材料一批入库,价税款从银行存款付清。增值税专用发票注明材料价款12 000 000元,增值税进项税额1 560 000元,经认证准予抵扣。

(7) 工程领用物资。2月3日,在建工程领用工程物资1 200 000元。

(8) 工程竣工验收。2月15日,在建工程竣工验收合格投入使用,核算总造价7 524 000元。

(9) 办理托收手续。2月21日,一张面值为4 422 960元的商业承兑汇票到期,会计人员持商业承兑汇票连同委托收款书一并到银行办理收款。

(10) 开出银行汇票。2月23日,业务员到外地采购,用银行汇票支付采购价款,银行汇票票面金额9 000 000元。

(11) 收到托收票据款。2月27日,收到银行通知,面值4 422 960元的商业汇票款已全部收到并存入公司账户。

(12) 银行汇票采购。2月28日,收到业务员外地购入原材料一批验收入库,增值税专用发票注明原材料价款7 200 000元,增值税进项税额936 000元,经认证准予抵扣,另支付运费111 600元,运费的增值税税额8 400元准予抵扣,以上款项全部用银行汇票支付。收到开户银行转来银行汇票多余款收账通知,注明多余款744 000元。

(13) 预付款购材料。2月28日,收到用前预付账款购入材料验收入库,原材料价款960 000元,增值税进项税额124 800元,经认证准予抵扣,预付款余额随后清算。

(14) 取得银行借款。3月1日,为生产需要决定再建一条生产线,从开户银行借入半年期贷款5 400 000元,年利息率5.04%,贷款存入公司存款户,存年利息率为0.72%。

(15) 购入工程物资。3月1日,购入工程物资一批,增值税专用发票注明价款2 400 000元,增值税312 000元,经认证准予抵扣,款项通过银行转账支付。

(16) 工程领用物资。3月5日,生产线建设投入工程物资2 400 000元。

(17) 归还借款本息。3月8日,归还到期短期借款本金14 400 000元,利息600 000元,其中上年度末已计提利息120 000元,款项全部从银行存款支付。

(18) 收回客户欠款。3月8日,收到客户电汇汇款9 828 000元,归还前欠货款。

(19) 汇票销售产品。3月10日,销售给美佳公司一批产品,开出的增值税专用发票注明销售价款24 000 000元,增值税销项税额3 120 000元,收到3个月期的商业承兑汇票。该批产品实际成本11 040 000元,产品已发出。客户取得产品控制权。

(20) 退还税收款项。3月23日,收到税务部门退回的增值税1 800 000元,收到教育附加费返还款756 000元,款项全部存入银行存款户。

(21) 固定资产折旧。3月31日,计提固定资产折旧3 012 000元,其中:计入生产成本1 824 000元、制造费用600 000元、管理费用588 000元。摊销长期待摊费用60 000元(符合资本化条件)。

(22) 完工产品入库。3月31日,一批产品完工入库,制造费用转入生产成本1 248 000元,生产成本转入库存商品20 688 000元。

(23) 支付工程费用。4月1日,支付在建生产线相关费用1 116 000元,并于当日用银行存款结清,该项支出应当资本化。

(24) 出售回购资产。4月1日,出售现持有一笔国债给丙公司,售价为240 000元,年利率为3.5%;同时与丙公司签订一项回购协议,约定三个月后将该笔国债购回,回购价为242 100元。假定该笔国债合同利率与实际利率差异很小。

(25) 提取现金备用。4月5日,开出现金支票提取现金2 280 000元,准备发放工资。

(26) 分配工资费用。4月5日,分配工资费用2 280 000元,其中:基本生产车间工人工资1 080 000元、车间管理人员工资120 000元、公司管理人员工资180 000元、销售人员工资540 000元、在建工程人员工资240 000元、专利技术研发人员工资120 000元,专利技术进入开发阶段,研究费用资本化。

医疗保险费、养老保险费、失业保险费、住房公积金、职工福利费、工会经费和职工教育经费计提比例和计算同业务(3)。

(27) 发放职工工资。4月5日,用现金发放第二季度职工工资。

(28) 出售金融资产。4月6日,将持有的交易性金融资产(丁公司)股票抛售,账面价值3 600 000元,出售价5 400 000元,款项全部存入开户银行。

(29) 支付到期票据款。4月11日,接银行通知,支付到期的应付天环公司银行承兑汇票款4 800 000元。

(30) 欠款购入材料。4月11日,从天环公司购入材料一批入库,增值税专用发票注明材料价款14 400 000元,增值税进项税额1 872 000元,经认证准予抵扣,约定两个月后付款。

(31) 生产领用材料。4月15日,生产产品领用材料实际成本13 200 000元,领用低值易耗品实际成本144 000元,采用一次摊销法摊销。

(32) 支付广告费用。5月25日,用银行存款支付电视台广告费用1 800 000元。

(33) 收到投资股利。5月25日,收到持有股份的应收股利420 000元存入银行。

(34) 购入生产设备。5月26日,购入设备一台,增值税专用发票注明价款3 000 000元,增值税进项税额390 000元,经认证准予抵扣,运输、安全等费用252 000元,款项全部从银行存款中支付。

(35) 工程领用材料。6月1日,在建生产线领用原材料一批,实际成本1 404 000元。

(36) 销售企业产品。6月5日,销售给正阳公司产品一批,价税款合计27 120 000元,款项全部收到存入银行。该批产品实际成本11 760 000元。客户取得产品控制权。

(37) 存款购入材料。6月8日,用银行存款购入材料一批,价税款合计为20 340 000元,进项税额经认证准予抵扣。

(38) 研发领用材料。6月9日,研发部门领用原材料实际成本140 400元。属于开发过程中耗用。

(39) 支付展览费用。6月10日,开出转账支票,支付给展览馆产品展览费用120 000元。

(40) 收回到期票据。6月10日,收到美佳公司应收票据款27 120 000元。

(41) 支付材料欠款。6月11日,用银行存在款支付4月11日欠天环公司的材料款16 272 000元。

(42)★ 非货币资产交换。6月12日,用一台生产用车床交换易峰公司生产的办公家具一批,换入家具做固定资产管理。车床的账面原价为1 200 000元,交换日已提折旧420 000元,公允价值900 000元。办公家具的账面价值为960 000元,交换日公允价值为900 000元,计税价格等于公允价值。另支付交换运杂费用18 000元。

(43) 归还长期借款。6月30日,开出转账支票归还长期借款本金9 000 000元,利息251 000元。该借款实际利率与市场利率相同,不存在"长期借款——利息调整"问题。

(44) 固定资产折旧。6月30日,计提固定资产折旧3 240 000元,其中:计入生产成本2 004 000元、制造费用600 000元、管理费用636 000元。摊销长期待摊费用60 000元(符合资本化条件)。

(45) 完工产品入库。6月30日,一批产品完工入库,制造费用转入生产成本828 000元,生产成本转入库存商品17 688 000元。

(46) 回购售出资产。7月1日,用银行存款回购4月1日出售约定回购的国债,支付回购价款242 100元。其中:利息费用2 100元$\left(240\ 000 \times 3.5\% \times \dfrac{3}{12}\right)$。

(47) 生产领用材料。7月1日,生产产品领用材料实际成本15 000 000元,领用低值易耗品实际成本156 000元,采用一次摊销法摊销。

(48) 退回多计商品款。某企业退还前从其购入商品多计价款60 000元,款项存入银行。

(49) 提取现金备用。7月3日,开出现金支票从银行提取现金2 400 000元,准备发放工资。

(50) 分配工资费用。7月3日,分配工资费用2 400 000元,其中:基本生产车间工人工资1 200 000元、车间管理人员工资120 000元、公司管理人员工资240 000元、销售人员工资480 000元、在建工程人员工资240 000元、专利技术研发人员工资120 000元,专利技术进入开发阶段,研究费用资本化。

医疗保险费、养老保险费、失业保险费、住房公积金、职工福利费、工会经费和职工教育经费计提比例和计算同业务(3)。

(51) 发放职工工资。7月3日,用现金发放第三季度职工工资2 400 000元。

(52) 租赁设备。8月1日,向圣阳运输公司租入运输汽车100辆,租期两年,每辆车年租金43 200元,租赁期满车辆退回。先用银行存款支付一年租金4 320 000元,增值税进项税额561 600元,经认证准予抵扣。

(53) 固定资产淘汰。8月18日因技术进步设备需淘汰,该设备原值4 800 000元,已计提折旧3 000 000元,已计提减值准备600 000元,清理费用30 000元,残值收入240 000元,全部通过银行结算。

(54) 销售企业产品。8月21日销售给鑫源公司产品一批,价税款合计40 680 000元,款全部暂欠。该批产品实际成本23 040 000元。客户取得产品控制权。

(55) 收回销售欠款。8月24日,收回上项销售给鑫源公司产品的欠款40 680 000元存入银行。

(56) 归还工程借款。9月1日,归还3月1日工程贷款本金5 400 000元,利息136 080元,贷款未动用部分存款取得利息收入4 200元。根据《企业会计准则第17号——借款费用》的规定,资本化利息费用金额为131 880元(136 080－4 200)。

(57) 固定资产损毁。9月5日因职工操作失误设备毁损,该设备原值120 000元,已计提折旧72 000元,该职工负责赔偿48 000元。

(58) 职工交付赔款。9月6日,收到上项职工赔偿款48 000元存入银行。

(59) 持有股份分利。9月7日,持有的作为其他债权投资的万达股份,发行方宣告派发股利公告,按持股比例可获得现金股利96 000元,发行方和本公司所得税税率相同。

(60) 工程竣工验收。9月14日,生产线工程竣工验收交付使用,工程总成本5 723 880元。

(61) 购入土地使用权。9月27日,为扩大生产规模,通过当地政府,用银行存款14 400 000元,购入土地使用权,使用期50年。按规定属免征增值税项目。

(62) 购入工程物资。9月28日,在购入土地上新建3号工程,购入工程物资价款1 200 000元,增值税156 000元,开出6个月期的商业汇票一张。按规定属免征增值税项目。

(63) 工程领用物资。9月28日,3号工程领用工程物资600 000元。

(64) 固定资产折旧。9月30日,计提固定资产折旧3 216 000元,其中:计入生产成本1 992 000元、制造费用600 000元、管理费用624 000元。摊销长期待摊费用60 000元(符合资本化条件)。

(65) 完工产品入库。9月30日,一批产品完工入库,制造费用转入生产成本828 000元,生产成本转入库存商品19 656 000元。

(66) 提取现金备用。10月8日,开出现金支票提取现金2 580 000元,准备发放工资。

(67) 分配工资费用。10月8日,分配工资费用2 580 000元,其中:基本生产车间工人工资1 260 000元、车间管理人员工资120 000元、公司管理人员工资300 000元、销售人员工资420 000元、在建工程人员工资300 000元、专利技术研发人员工资180 000元,专利技术进入开发阶段,研究费用资本化。

医疗保险费、养老保险费、失业保险费、住房公积金、职工福利费、工会经费和职工教育经费计提比例和计算同业务(3)。

(68) 发放职工工资。10月8日,用现金发放第二季度职工工资。

(69) 销售企业产品。10月8日预收荔景公司货款的产品生产完毕,实际货款840 000元,增值税销项税额109 200元,余款以后清算。该批产品实际成本为480 000元。客户取得产品控制权。

(70) 出售固定资产。10月8日出售不需用设备一台,该设备原值480 000元,已计提折旧180 000元,出售价款360 000元,增值税46 800元,款项存入银行。

(71) 生产领用材料。10月9日,生产产品领用材料实际成本14 400 000元,领用低值易耗品实际成本132 000元,采用一次摊销法摊销。

(72) **销售企业产品**。10月9日销售给永安公司(子公司)产品一批,价款4 440 000元,增值税销项税额577 200元,款暂未收到。该批产品实际成本3 600 000元。永安公司取得产品控制权。该批商品永安公司当年销售60%。

(73)★ **外币购入材料**。10月12日,从国外购入材料一批,货款1 200 000美元,当日汇率为1美元=6.12元人民币,进口关税为938 400元人民币,支付进口增值税为1 076 712元人民币,经认证准予抵扣,货款尚未支付。

购入材料折合人民币:1 200 000×6.12=7 344 000(元);

购入材料成本=7 344 000+938 400=8 282 400(元);

购入材料进项税额=8 282 400×13%=1 076 712(元)。

(74)★ **债务进行重组**。10月15日,对应收嘉明公司账款1 404 000元进行债务重组。嘉明公司以生产的价值为960 000元的产品和129 600元银行存款偿还。该产品的计税价格960 000元。现收到嘉明公司开来增值税发票,增值税率为13%,相关进项税额经认证准予抵扣。不再单独支付增值税给嘉明公司。

(75) **销售企业产品**。11月25日销售给好乐公司一批产品,价税款合计6 780 000元,收到好乐公司开出的期限4个月的商业承兑汇票。该批产品实际成本4 200 000元。客户取得产品控制权。

(76) **研发专利获批**。11月27日,公司研发的专利获得批准,发生律师等费用144 000元,用银行存款支付。

(77) **办理银行贷款**。12月1日,向银行申请半年期借款12 000 000元,年利率为5.22%。

(78) **销售企业产品**。12月23日销售给鑫源公司一批产品,价税款合计27 120 000元,对方承诺一个月后付款。该批产品实际成本15 360 000元。客户取得产品控制权。

(79) **银行票据贴现**。12月25日,将好乐公司期限4个月的金额为6 780 000元的商业承兑汇票送银行办理贴现,银行收取贴现利息109 500元。

(80) **现款销售产品**。12月28日,销售A产品一批,销售价款1 260 000元,增值税税额163 800元,价税款收到存入银行。该批商品的成本为1 140 000元。客户取得产品控制权。

(81) **固定资产折旧**。12月31日,计提固定资产折旧3 204 000元,其中:计入生产成本1 920 000元、制造费用667 200元、管理费用616 800元。摊销长期待摊费用60 000元(租入固定资产改良支出)。

(82) **完工产品入库**。12月31日,一批产品完工入库,制造费用转入生产成本895 200元,生产成本转入库存商品19 111 200元。

(83) **结转研发费用**。12月31日,将公司研发支出中的费用化支出168 000元结转管理费用。

(84) **年终费用摊销**。12月31日,摊销无形资产696 000元,摊销印花税120 000元,摊销长期待摊费用(租赁汽车用于销售产品)1 800 000元。

(85)★ **计算汇兑损益**。12月31日,按当日汇率计算"应付账款——美元户"减少人民币价值185 328元。

(86) **计算股份费用**。截至12月31日,20××年应计入管理费用的股份支付金额为183 600元。

(87) **收取租金业务**。12月31日,收到经营性出租库房租金1 152 000元,增值税69 120元,款项全部存入银行。

(88) 固定资产折旧。12月31日,计提出租固定资产折旧480 000元。

(89) 投资债券利息。计算年初持有的"债权投资——某债券投资"3 600 000元的利息,共计234 000元。

(90) 投资债券利息。计算当年1月1日购入1 140 000元的长期债券投资的利息,当日收到利息。该期长期债券投资的实际利率$r=6.958\%$,如附表1-3所示。

附表 1-3   持有期内长期债券投资摊余成本、利息收入和现金流量   单位:元

年份	年初摊余成本 a	利息收入 $b=a\times r$	现金流量 c	年末摊余成本 $d=a+b-c$
20××	1 140 000	79 320	48 000	1 171 320
第二年	1 171 320	81 500	48 000	1 204 820
第三年	1 204 820	83 830	48 000	1 240 650
第四年	1 240 650	86 320	48 000	1 278 970

注:表中"利息收入"栏数字四舍五入取整到十位。

(91) 计算投资收益(子公司)。12月31日,永安公司20××年全年净利润4 049 520元,祥瑞公司拥有其60%的股份。

(92) 计算教育费附加。12月31日,计算公司本期应缴纳的教育费附加为194 395元。

(93) 实际缴纳税费。12月31日,用银行存款缴纳当期应交增值税6 479 808元,教育费附加194 395元。

(94) 发生销售费用。12月31日,销售部门为开发客户发生费用313 404元,款项暂未支付。

(95) 计提坏账准备。公司按规定方法计提本期坏账准备447 174元转账。

(96) 公允价值变化。12月31日,持有的交易性金融资产的账面成本与其市价比较,市价低于账面成本156 000元。

(97) 金融资产减值。12月31日,其他债权投资公允价值上升360 000元。

(98) 计算存货减值。12月31日,按规定方法计提本期存货减值数额为1 728 000元。

(99) 固定资产减值。12月31日,计提本期固定资产减值数额为1 946 160元。

(100) 无形资产减值。12月31日,计提本期无形资产减值数额为187 200元。

(101) 计算应付利息。12月31日,计提本期短期借款利息52 200元,长期借款利息1 339 200元,应付债券利息421 200元。

(102) 结转本年利润。12月31日,把本期收支账户记录余额结转本年利润。有关收支账户的贷方余额分别是:主营业务收入120 540 000元、其他业务收入1 152 000元、投资收益2 209 320元、其他收益2 556 000元;有关收支账户的借方余额分别是:主营业务成本70 620 000元、其他业务成本480 000元、税金及附加194 395元、销售费用5 005 404元、管理费用6 860 400元(其中:研发费用168 000元)、财务费用2 469 872元(其中:利息费用支出2 655 200元、外币汇兑收益185 328元)、公允价值变动损益156 000元、信用减值损失447 174元、资产减值损失3 861 360元、营业外支出990 000元、资产处置收益27 600元。

(103) 计算结转所得税。12月31日,公司计算本期应纳税所得额为38 198 052元,应交

纳所得税额为 9 549 513 元(38 198 052×25%)。本期应计递延所得税负债 169 500 元,本期应计递延所得税资产 870 720 元。(有关应纳税所得额、递延所得税负债、递延所得税资产的计算从略)

(104) 结转利润分配。12 月 31 日,将本年利润账户余额 26 496 822 元结转至"利润分配——未分配利润"账户。

(105) 进行利润分配。12 月 31 日,股东大会批准提取法定盈余公积 2 642 428 元,提取任意盈余公积 1 800 000 元,分配普通股现金股利 7 200 000 元。

(106) 转销利润分配。12 月 31 日,将利润分配各明细账户余额转入未分配利润明细账户。

(107) 缴纳所得税。12 月 31 日,用银行存款实际缴纳所得税 9 549 513 元。

(108) 流动性资产说明。长期借款中有 18 000 000 元在下一年 5 月 20 日到期。其他债权投资中有 1 440 000 元在下一年 6 月 10 日到期。长期待摊费用 2 760 000 元在下一年内全部摊销。

(109) 子公司报表情况。永安公司 20××年的资产负债表、利润表、现金流量表、所有者权益变动表等(从略)。

(110) 编制试算平衡表。根据 20××年祥瑞公司发生经济业务及会计账户记录,编制账户余额试算平衡表。

(111) 编制资产负债表。根据祥瑞公司 20××年经营活动情况和 20××年 12 月 31 日的平衡试算表,编制其 20××年 12 月 31 日的资产负债表。

(112) 编制利润表。根据祥瑞公司 20××年经营活动情况和账户记录资料,编制其 20××年度的利润表。

综合测试题

试 题 (一)

一、单项选择题(每题 1 分,共 15 分)

1. 无法查明原因的现金长款,经批准后应计入(　　)。
   A. 营业外收入　　　　　　　　B. 管理费用
   C. 其他应付款　　　　　　　　D. 其他应收款

2. 期末计提坏账准备前"坏账准备"账户借方余额反映的内容是(　　)。
   A. 提取的坏账准备
   B. 已确认的坏账损失超出坏账准备的余额的部分
   C. 收回以前已经确认并转销的坏账损失
   D. 已经发生的坏账损失

3. 某一般纳税企业从外地购进原材料一批,取得的增值税专用发票上注明原材料价款为 20 000 元,增值税为 2 600 元,另外支付运输部门运费 930 元,运费的增值税税额 83.7 元,装卸费 300 元,增值税经认证准予抵扣。该批材料的实际采购成本为(　　)元。
   A. 20 000　　　B. 21 300　　　C. 24 630　　　D. 21 230

4. 购买交易性金融资产支付的价款中包含的已宣告未发放的现金股利应记入(　　)账户。
   A. "交易性金融资产"　　　　B. "投资收益"
   C. "应收股利"　　　　　　　D. "应收利息"

5. 企业委托加工的应税消费品,如果收回后用于连续生产应税消费品,则支付给受托方由其代收代交的消费税应记入(　　)账户。
   A. "应交税费——应交消费税"　　B. "委托加工物资"
   C. "管理费用"　　　　　　　　　D. "其他业务成本"

6. 甲公司(一般纳税企业,使用的增值税税率为 13%)将自产的一批产品用于集体福利用不动产的建设工程,其成本 30 万元,计税价格 50 万元,则应计入在建工程成本的金额为(　　)元。
   A. 300 000　　　　　　　　　B. 500 000
   C. 351 000　　　　　　　　　D. 365 000

7. 下列各项中,不属于收入的是(　　)。
   A. 销售商品所取得的价款　　　B. 提供劳务所取得的价款
   C. 收到的现金捐赠　　　　　　D. 出租包装物收取的租金

8. 年终转账后,可能有余额的账户是(　　)。
   A. "利润分配——未分配利润"　　　B. "本年利润"
   C. "利润分配——提取法定盈余公积"　D. "利润分配——应付现金股利或利润"
9. 发行企业债券时,当票面利率低于市场利率时,债券(　　)。
   A. 溢价发行　　　　　　　　　　B. 折价发行
   C. 平价发行　　　　　　　　　　D. 随意发行
10. (　　)不属于现金流量表中"现金"的范畴。
    A. 企业购买的随时变现的上市公司股票
    B. 结算户存款
    C. 企业购买的短于3个月的债券
    D. 库存现金
11. 资产负债表中的"未分配利润"项目,应(　　)。
    A. 根据"本年利润"总账户期末贷方余额计算填列
    B. 根据"本年利润"总账户期末借方余额计算填列
    C. 根据"利润分配——未分配利润"明细账户的期末余额填列
    D. 直接根据"留存收益"等账户的期末贷方余额分析填列
12. "合同资产"项目属于资产负债表的(　　)项目。
    A. 流动负债　　　　　　　　　　B. 非流动负债
    C. 流动资产　　　　　　　　　　D. 非流动资产
13. "材料成本差异"账户的期末借方余额,表示(　　)。
    A. 本期入库材料的节约差异　　　B. 本期入库材料的超支差异
    C. 期末库存材料的节约差异　　　D. 期末库存材料的超支差异
14. 企业交纳的下列税金中,不需通过"应交税费"账户核算的是(　　)。
    A. 增值税　　　　　　　　　　　B. 印花税
    C. 所得税　　　　　　　　　　　D. 消费税
15. 企业用盈余公积弥补亏损时,正确的会计处理(　　)。
    A. 借记"盈余公积"账户,贷记"利润分配"账户
    B. 借记"利润分配"账户,贷记"盈余公积"账户
    C. 借记"盈余公积"账户,贷记"本年利润"账户
    D. 借记"本年利润"账户,贷记"利润分配"账户

二、多项选择题(每题2分,共20分)

1. 下列各项不属于"无形资产"账户核算范围的有(　　)。
   A. 商誉
   B. 自创的未经注册的专利权
   C. 为取得经营特许权而分次支付的费用
   D. 自创的非专利技术
2. 下列方法中,属于加速折旧法的有(　　)。
   A. 平均年限法　　　　　　　　　B. 工作量法
   C. 年数总和法　　　　　　　　　D. 双倍余额递减法

3. 企业购入"债权投资"时,应计入初始投资成本的有(　　　)。
   A. 公允价值　　　　　　　　　　　B. 交易费用
   C. 已宣告未发放的股利　　　　　　D. 已过付息期尚未领取的利息
4. 根据有关规定,可以用现金支付的款项有(　　　)。
   A. 个人劳务报酬
   B. 职工出差必须随身携带的差旅费
   C. 支付职工工资和各种工资性津贴
   D. 向个人收购农副产品和其他物资的款项
5. 下列各项中,未引起企业所有者权益发生变化的是(　　　)。
   A. 企业以盈余公积转增资本　　　　B. 企业以资本公积转增资本
   C. 企业因发生重大亏损而减资　　　D. 企业接受新加入投资者的投资
6. 下列税金中,不能通过"税金及附加"账户核算的有(　　　)。
   A. 所得税　　　B. 增值税　　　C. 消费税　　　D. 城建税
7. 企业为了核算对外发行的公司债券,应当在"应付债券"总账账户下设置的明细账户有(　　　)。
   A. 面值　　　　　　　　　　　　　B. 利息调整
   C. 应计利息　　　　　　　　　　　D. 债券溢价
8. 下列项目中,属于营业外收入的有(　　　)。
   A. 接受捐赠净收益　　　　　　　　B. 罚没利得
   C. 报废固定资产净收益　　　　　　D. 股本溢价
9. (　　　)业务中,企业的进项税额需要转出。
   A. 购进货物发生非正常损失
   B. 购进货物用于集体福利项目
   C. 将购进的原材料用于免征增值税的不动产的建设工程
   D. 将自产的商品用于非生产经营用固定资产的建设工程
10. 企业购入交易性金融资产时,发生的交易费用的处理方法不应为(　　　)。
    A. 借记"投资收益"账户　　　　　B. 借记"交易性金融资产"账户
    C. 贷记"投资收益"账户　　　　　D. 贷记"交易性金融资产"账户

三、判断题(每小题 1 分,共 10 分)

1. 企业进行长期股权投资时,如果能够对对方进行控制或共同控制,则采用权益法核算,否则采用成本法核算。(　　)
2. 债权投资与交易性金融资产不同,其初始投资成本中包括交易费用。(　　)
3. 溢价对债券发行者来说,意味着为了将来多付利息事先付出的代价,对投资者来说意味着为了将来多收利息事先得到的补偿。(　　)
4. 盘亏固定资产应通过"待处理财产损溢"账户核算,而固定资产盘盈应作为前期差错,使用"以前年度损益调整"账户核算。(　　)
5. 对于现金折扣,销售方应计入管理费用,购进方应计入财务费用。(　　)
6. 企业开出的商业承兑汇票到期无力支付时,应当将应付票据转为应付账款。(　　)
7. 随同产品出售不单独计价的包装物,于发出时,计入其他业务成本。(　　)

8. 企业出租包装物收取的押金,应通过"其他应收款"账户核算。   （   ）
9. 企业代扣代缴的个人所得税属于代交性质,应作为其他应付款处理,不应通过"应交税费"账户核算。   （   ）
10. 企业可以根据经营需要在一家或几家银行开立基本存款账户。   （   ）

四、实务题：根据下列经济业务按要求进行相关计算,并编制相关会计分录（55 分,第八题每笔分录 2 分,其他题每笔分录 3 分）

1. 某工业企业属于一般纳税人,原材料按计划成本核算。本月领用乙材料计划成本 40 000 元（设乙材料的成本差异率为 1%）,其中生产 M 产品领用 25 000 元；生产车间管理部门领用 3 000 元；厂部管理部门领用 2 000 元；在建工程领用 10 000 元。作出领用材料以及结转材料成本差异的账务处理。

2. 以银行存款购入 C 公司股票 4 000 股作为交易性金融资产,每股买入价 10 元,其中包括已宣告但尚未分派的现金股利 0.5 元,另支付相关税费 120 元。十日后收到 C 公司分派的现金股利存入银行。作出购买、收取股利的账务处理。

3. 年初以银行存款购入 S 公司当日发行的五年期普通债券,划分为按公允价值计量且其变动计入当期损益的金融资产,面值 200 000 元,实付 208 800 元,其中包括交易税费 800 元。每半年计息一次,到期一次还本付息,票面年利率 6%,发行时市场实际利率 5%。编制购入债券、第一次计息时的会计分录。

4. 设"应收账款"账户期末余额为 1 000 000 元,采用"应收账款余额百分比法"计提坏账准备,提取率为 3%,计提前"坏账准备"账户借方余额 5 000 元。

5. 年初,以银行存款购入 Q 公司股票 100 000 股进行长期投资,每股买价 12 元,其中包括已宣告未发放的现金股利 1 元,另支付相关税费 30 000 元。本企业投资占 Q 公司有表决权资本 10%,对 Q 公司有重大影响。Q 公司本年度实现净利润 600 000 元,宣告发放现金股利 300 000 元。作出有关会计分录。

6. 委托证券公司增发普通股 200 万股,每股面值 1 元,发行价 3 元。合同约定按发行收入的 1‰ 支付佣金,从发行收入中扣除。收到股款,存入银行。

7. 经批准,发行 3 年期的面值总额为 2 000 万元企业债券,票面利率 6%,每年计息一次,到期一次还本付息,债券发行价格为 2 060 万元。作出债券发行时的会计分录。

8. 设本期实现利润总额 2 200 000 元,无应纳税暂时性差异和可抵扣暂时性差异,按 25% 计算应交所得税并转账。

9. 根据上题资料,按税后净利润的 10% 提取法定盈余公积,并向普通股股东分配现金股利 800 000 元。

10. 上月末车间新增设备一台,原价为 200 000 元,预计可以使用 4 年,预计净残值率 5%,按年数总和法计算本月应提折旧,并作出会计分录。

11. 设本月 A 产品生产工人工资 30 000 元,B 产品工人工资 20 000 元,车间管理人员工资 8 000 元,厂部管理人员工资 22 000 元,销售人员工资 20 000 元。分别按 2%、20%、8% 的比例计提职工福利费、养老保险费和医疗保险费。

12. 向 B 公司销售 M 产品一批,增值税专用发票注明价款 40 000 元,增值税 5 200 元,现金折扣条件为:2/10,n/20（计算折扣不考虑增值税）。要求:采用总价法编制赊销时、10 日内收款时的会计分录。

试 题（二）

一、单项选择题（每题 1 分，共 15 分）

1. 企业在进行现金清查时，查出现金溢余，并将溢余数记入"待处理财产损溢"账户。后经进一步核查，无法查明原因，经批准后，对该现金溢余正确的会计处理方法是（　　）。
   A. 将其从"待处理财产损溢"账户转入"营业外收入"账户
   B. 将其从"待处理财产损溢"账户转入"管理费用"账户
   C. 将其从"待处理财产损溢"账户转入"其他应付款"账户
   D. 将其从"待处理财产损溢"账户转入"其他应收款"账户

2. 企业的固定资产在盘盈时应通过下列（　　）账户核算。
   A. "以前年度损益调整"　　　　　B. "固定资产清理"
   C. "待处理财产损溢"　　　　　　D. "管理费用"

3. 下列各项支出，不能计入有关资产成本的是（　　）。
   A. 业务招待费支出　　　　　　　B. 固定资产改良支出
   C. 开发新技术资本化支出　　　　D. 购入非专利技术支出

4. 下列各项中，经批准应计入营业外支出的是（　　）。
   A. 管理不善造成的存货盘亏
   B. 管理不善造成的固定资产盘亏
   C. 计量差错造成的存货盘亏
   D. 工程建造期间发生的工程物资盘亏

5. 某企业为增值税一般纳税人，增值税税率为 13%。该企业对某固定资产进行改造。该项固定资产账面原价为 1 000 万元，累计折旧为 550 万元，已提减值准备为 100 万元。改造该项固定资产领用生产用原材料 117 万元，另发生工资等费用 200 万元，改建后的固定资产价值不超过该项固定资产预计可收回金额。该固定资产改建后的入账价值为（　　）万元。
   A. 1 217　　　　B. 767　　　　C. 667　　　　D. 1 317

6. 某企业在 20×× 年 10 月 8 日销售商品 100 件，增值税专用发票上注明的价款为 10 000 元，增值税税额为 1 300 元。企业为了及早收回货款而在合同中规定的现金折扣（按含增值税的售价计算）条件为：2/10；1/20；n/30。如买方在 20×× 年 10 月 24 日付清货款，该企业实际收款金额应为（　　）元。
   A. 11 466　　　B. 11 500　　　C. 11 600　　　D. 11 187

7. 某企业月初结存材料的计划成本为 100 000 元，成本差异为节约 1 000 元；本月入库材料的计划成本为 100 000 元，成本差异为超支 400 元。当月生产车间领用材料的计划成本为 150 000 元。假定该企业按月末计算的材料成本差异率分配和结转材料成本差异，则当月生产车间领用材料应负担的材料成本差异为（　　）元。
   A. －450　　　B. －1 050　　　C. 1 050　　　D. 450

8. 下列各项中，属于营业外支出的是（　　）。
   A. 政府补助利得　　　　　　　B. 无法支付的应付账款
   C. 董事会成员津贴　　　　　　D. 公益性救济捐赠支出

9. 某企业为增值税一般纳税人，20××年实际已缴纳税金情况如下：增值税850万元，消费税650万元，车船税0.5万元，印花税1.5万元，所得税120万元。上述各项税金应记入"应交税费"账户借方的金额是(   )万元。

  A. 1 690.5   B. 1 622   C. 1 621.5   D. 1 620.5

10. A有限责任公司20××年12月31日"交易性金融资产——A股票"账面价值40 000元，市价36 000元，则当年年末资产负债表应填列的金额为(   )元。

  A. 36 000   B. 40 000   C. 4 000   D. 76 000

11. 某企业20××年发生的营业收入为1 300万元，营业成本为800万元，销售费用为20万元，管理费用为50万元，财务费用为10万元，投资收益为40万元，资产减值损失为70万元(损失)，公允价值变动损益为80万元(损失)，营业外收入为25万元，营业外支出为15万元。该企业20××年的营业利润为(   )万元。

  A. 310   B. 320   C. 500   D. 390

12. A有限责任公司20××年9月1日从证券市场购入乙公司于20××年1月1日发行的一批债券，面值200 000元，票面利率为6％，三年期，每年1月1日和7月1日付息两次。实际支付206 000元(乙公司尚未支付20××年上半年利息)。该债券划分为债权投资。则购入上述债券时应确认的投资成本为(   )元。

  A. 206 000   B. 208 000
  C. 200 000   D. 204 000

13. 对于某一时段内履行的履约义务，确认收入要求是(   )。

  A. 按履约进度确认收入   B. 合同签字时确认收入
  C. 劳务开始提供时确认收入   D. 劳务款项收到时确认收入

14. 某企业"原材料"账户月末借方余额为35 000元，"材料成本差异"账户借方余额为1 000元，"合同履约成本"账户借方余额为15 000元(其中：一年内转销的金额9 000元)，该企业月末资产负债表中"存货"项目的金额为(   )元。

  A. 15 000   B. 25 000
  C. 45 000   D. 40 000

15. 企业折价发行债券意味着(   )。

  A. 企业为将来多付利息而预先付出的代价
  B. 企业为将来少付利息而预先付出的代价
  C. 企业为将来少付利息而预先得到的补偿
  D. 企业为将来多付利息而预先得到的补偿

二、多项选择题(每题2分，共20分)

1. 下列属于无形资产的有(   )。

  A. 专利权   B. 商标权   C. 特许权   D. 商誉

2. 下列各项中，应作为包装物进行核算和管理的有(   )

  A. 随同商品出售单独计价的包装物
  B. 随同商品出售不单独计价的包装物
  C. 生产过程中用于包装产品作为产品组成部分的包装物
  D. 用于储存和保管产品、材料而不对外出售的包装物

3. 按照我国企业会计准则规定，下列科目的期末余额，应在资产负债表的"存货"项目中列示的有（　　）
   A. 发出商品　　　　　　　　　　B. 受托代销商品
   C. 委托加工物资　　　　　　　　D. 工程物资

4. 下列各项中，增值税一般纳税企业应计入收回委托加工物资成本的有（　　）。
   A. 支付的收回后直接销售的委托加工物资的消费税
   B. 支付的收回后继续加工的委托加工物资的消费税
   C. 支付的加工费
   D. 随同加工费支付的增值税

5. 关于支付结算下列说法正确的有（　　）。
   A. 银行汇票的提示付款期为2个月，商业汇票最长付款期限为6个月
   B. 所有的票据均可背书转让
   C. 现金支票只能提现金，转账支票只能转账
   D. 委托收款结算方式同城、异地均可采用

6. 资产负债表中可以按照总分类账户期末余额直接填列的项目有（　　）。
   A. 资本公积　　　　　　　　　　B. 短期借款
   C. 合同负债　　　　　　　　　　D. 长期待摊费用

7. 下列情况下，投资方应采用权益法核算长期股权投资的有（　　）。
   A. 对被投资方实施共同控制的权益性投资
   B. 对被投资方施加重大影响的权益性投资
   C. 对被投资方无重大影响的权益性投资
   D. 对被投资方实施控制的权益性投资

8. 企业发生亏损时，弥补亏损的渠道有（　　）。
   A. 用以后5年税前利润弥补
   B. 用5年后的税后利润弥补
   C. 以盈余公积弥补亏损
   D. 以资本公积弥补亏损

9. 下列项目中，属于金融资产的有（　　）。
   A. 债权投资　　　　　　　　　　B. 其他债权投资
   C. 长期股权投资　　　　　　　　D. 交易性金融资产

10. 关于债权投资下列说法正确的有（　　）。
    A. 终止确认时产生的利得或损失，计入当期损益
    B. 取得时按公允价值和交易费用之和作为初始确认金额
    C. 计提减值准备的债权投资价值又回升的，原计提的减值准备允许转回
    D. 持有期间按照摊余成本和实际利率计算的利息收入，计入投资收益

三、判断题（每小题1分，共10分）

1. 填制票据时，出票日期、收款人、金额不得有误，否则作废。（　　）
2. 购入材料，在运输途中发生的合理损耗不需要进行单独的账务处理。（　　）
3. 如果企业销售已计提存货跌价准备的存货，应当在结转存货销售成本的同时，结转其

已计提的存货跌价准备,结转的存货跌价准备应冲减当期的销售成本。（ ）

4. 按照《固定资产会计准则》规定,发生的固定资产大修理费用应当作为费用化的后续支出进行处理,计入当期损益,不得待摊或预提。（ ）

5. 与企业固定资产有关的后续支出,满足固定资产确认条件的,计入固定资产的成本,不满足固定资产确认条件的,计入发生时的当期损益。（ ）

6. 按照现行会计准则规定,企业计提的各项资产减值准备均可转回。（ ）

7. 某企业年初有未弥补亏损 12 万元,当年实现净利润 10 万元。按有关规定,该年不得提取法定盈余公积。（ ）

8. 企业发行债券,当票面利率高于市场利率时,一般溢价发行。（ ）

9. 长期股权投资采用权益法核算,长期股权投资的初始投资成本小于投资时应享有被投资单位可辨认净资产公允价值份额的,其差额应确认为资本公积,并调整长期股权投资的成本。（ ）

10. 企业在销售收入确认之后发生的销售折让,应在实际发生时冲减发生当期的收入。（ ）

四、实务题(共 55 分,其中第(一)题 11 分,第(二)题 24 分,第(三)题 10 分,第(四)题 10 分)

(一) ABC 股份有限公司存货期末计价采用成本与可变现净值孰低法,按单项计提存货跌价准备。

期初、期末存货账面成本与可变现净值资料,如附表 2-1 所示。

附表 2-1　　　　期初、期末存货账面成本与可变现净值一览表　　　　单位:万元

存货项目	20××年年末		第二年年末	
	账面余额	可变现净值	账面余额	可变现净值
甲	6 000	5 500	6 000	6 100
乙	7 100	7 000	4 100	4 100
丙	20 000	20 100	25 000	24 000

假设该企业 20××年计提存货跌价准备前"存货跌价准备"科目贷方余额甲存货为 150 万元。

要求:编制 20××年年末和第二年年末计提存货跌价准备的有关分录(需要计算的请列出计算过程,金额单位以"万元"表示)。

(二) 正林公司为增值税一般纳税人,适用的增值税税率为 13%,购置了一台需要安装的非生产用设备,该设备按年计提折旧,与该设备有关的业务如下:

1. 20××年 1 月 20 日,管理部门购入一台需要安装的非生产用设备,增值税专用发票上注明的买价为 700 000 元,增值税税额为 91 000 元,经认证准予抵扣;另支付保险费及其他费用 29 000 元。该设备交付本公司安装部门安装。

2. 安装设备时领用本公司生产用原材料一批,该项原材料的实际成本为 60 000 元。

3. 安装设备时领用本公司部门产品一批,该批产品的实际成本为 400 000 元,税务部门核

定的计税价格为 600 000 元,适用的增值税税率为 13%。

4. 领用本企业工程物资一批,价款为 100 000 元。

5. 安装工程人员应付工资及福利费 94 200 元,用银行存款支付其他安装费用 38 800 元。

6. 20××年 12 月 30 日,安装工程结束并随即投入使用,该设备预计使用年限为 5 年,采用年数总和法计提折旧,预计净残值为 0。

7. 第二年年末计提年折旧。

8. 第三年年末计提年折旧。

9. 第三年年末对该项资产进行减值测试,发现该项资产的可收回金额为 550 000 元,计提减值准备。

10. 第四年 10 月 31 日企业由于经营方向的改变,处置了该项资产,收到的价款为 600 000 元,发生的相关清理费用为 3 000 元,适用的增值税税率 13%。

要求:编制上述业务相关会计分录。("应交税费"科目要求写出明细科目,其余科目可以不写)

(三)C 公司于 20××年 1 月 1 日以 1 100 万元购入 D 公司股票 400 万股,每股面值 1 元,占 D 公司实际发行在外股数的 30%,C 公司能对 D 公司的生产经营决策实施重大影响。取得投资时,被投资方可辨认净资产公允价值是 4 000 万元,双方会计政策一致。20××年年末 D 公司实现净利润 200 万元,提取盈余公积 20 万元,宣告分派现金股利 80 万。第二年 D 公司增加资本公积 100 万元,第二年年末 D 公司发生亏损 2 000 万元。假定不考虑所得税和其他事项。

要求:为上述 C 公司做出会计分录。("长期股权投资"要求写出所有明细科目)(答案金额单位用"万元"表示)

(四)20××年年初,甲公司有上年 12 月 31 日经批准发行 5 年期一次还本、分期付息的公司债券 10 000 000 元,债券利息在每年 12 月 31 日支付,票面利率为年利率 6%。假定债券发行时的市场利率为 5%。甲公司该批债券实际发行价格为 10 432 700 元。甲企业采用实际利率法进行利息调整的摊销。假定甲公司发行的债券全部用于日常流动资金。("应付债券"要求写出所有明细科目)

要求:

1. 根据上述资料,将附表 2-2"利息费用一览表"中括号内容计算填列完整(不需列式)(4 分,每空 1 分)。

附表 2-2　　　　　　　　　　　利息费用一览表　　　　　　　　　　单位:元

付息日期	应付利息	利息费用	摊销的利息调整	应付债券摊余成本
20××年年初				10 432 700
20××年 12 月 31 日	600 000	521 635	78 365	10 354 335
第二年 12 月 31 日	600 000	517 716.75	82 283.25	10 272 051.75
第三年 12 月 31 日	600 000	513 602.59	86 397.41	10 185 654.34
第四年 12 月 31 日	( )	( )	( )	( )
第五年 12 月 31 日	600 000	505 062.94	94 937.06	10 000 000

以下三笔分录答案金额单位用万元表示。
2. 编制上一年 12 月 31 日发行债券的会计分录。
3. 编制 20××年 12 月 31 日确认利息费用的会计分录。
4. 编制第五年 12 月 31 日归还债券本金及最后一期利息费用的会计分录。

试 题 （三）

一、单项选择题（每题1分，共15分）

1. 只要是相同的交易或事项，就应当采用相同的会计处理方法。这体现了会计信息质量要求的（   ）。
   A. 相关性   B. 一贯性
   C. 可比性   D. 实质重于形式

2. 对于固定资产折旧，下列说法正确的是（   ）。
   A. 提前报废的固定资产不再补提折旧企业应对已出租的建筑物计提折旧
   B. 单独估价作为固定资产入账的土地应计提折旧
   C. 提足折旧后继续使用的固定资产，继续计提折旧
   D. 大修理暂时停用的固定资产应停止折旧

3. 乙企业"原材料"账户借方余额150万元，"生产成本"账户借方余额200万元，"材料采购"账户借方余额50万元，"材料成本差异"账户贷方余额30万元，该企业期末资产负债表中"存货"项目应填列的金额为（   ）万元。
   A. 520   B. 370   C. 420   D. 390

4. 委托加工的应税消费品收回后准备直接出售的，由受托方代扣代交的消费税，委托方应借记的会计账户是（   ）。
   A. "受托加工物资"   B. "委托加工物资"
   C. "应交税费——应交消费税"   D. "税金及附加"

5. 某企业以350万元的价格转让一项无形资产，适用的增值税税率为6%。该无形资产原购入价450万元，预计使用年限为10年，采用直线法进行摊销，转让时已使用4年。不考虑减值准备及其他相关税费。企业在转让该无形资产时确认的净收益为（   ）万元。
   A. 32.5   B. 50   C. 59   D. 80

6. 某企业月初结存材料的计划成本为250万元，材料成本差异为超支45万元；当月入库材料的计划成本为550万元，材料成本差异为节约85万元；当月生产车间领用材料的计划成本为600万元。则生产车间领用材料的实际成本为（   ）万元。
   A. 502.5   B. 570   C. 630   D. 697.5

7. 某企业委托券商代理发行股票5 000万股，每股面值1元，每股发行价格6元。按发行价格的1‰向券商支付发行费用，该企业在收到股款时，应记入"资本公积"账户的金额为（   ）万元。
   A. 24 650   B. 24 750   C. 24 700   D. 25 000

8. 某企业20××年年初未分配利润的贷方余额为160万元，本年度实现的净利润为100万元，按10%提取法定盈余公积。假定不考虑其他因素，该企业20××年年末未分配利润的贷方余额应为（   ）万元。
   A. 135   B. 220   C. 190   D. 250

9. A公司在开始正常生产经营活动之前发生了500万元的筹建费用，在发生时已计入当期损益，按照税法规定，企业在筹建期间发生的费用，允许在开始正常生产经营活动之后5年内分期计入应纳税所得额。假定企业在20××年开始正常生产经营活动，当期税前扣除了

100万元,那么该项费用支出在20××年年末的计税基础为( )万元。
　　A. 0　　　　　　B. 400　　　　　　C. 100　　　　　　D. 500
10. 企业因债权人撤销而转销无法支付的应付账款时,应将所转销的应付账款计入( )。
　　A. 资本公积　　　　　　　　　　B. 其他应付款
　　C. 营业外收入　　　　　　　　　D. 其他业务收入
11. 下列各项业务,在进行会计处理时应计入管理费用的是( )。
　　A. 支付业务招待费　　　　　　　B. 车间固定资产修理费
　　C. 生产车间管理人员的工资　　　D. 计提坏账准备
12. 甲企业8月份共增加银行存款145 300元。其中:出售商品收入60 000元;增值税7 800元;出售固定资产收入40 000元;接受捐赠收入15 500元;出售无形资产收入20 000元;出租固定资产收入2 000元。则该月收入为( )元。
　　A. 102 200　　　　　　　　　　　B. 921 000
　　C. 62 000　　　　　　　　　　　 D. 82 000
13. 甲企业于20××年1月1日取得一项交易性金融资产。取得时的入账金额为100万元,20××年年末公允价值为120万元,则年末由于该项交易性金融资产业务产生的应纳税暂时性差异为( )万元。
　　A. 100　　　　　　B. 120　　　　　　C. 0　　　　　　　D. 20
14. 某企业20××年12月31日固定资产账户余额为2 000万元,累计折旧账户余额为800万元,固定资产减值准备账户余额为100万元,在建工程账户余额为200万元。该企业20××年12月31日资产负债表中固定资产项目的金额为( )万元。
　　A. 1 200　　　　　B. 90　　　　　　　C. 1 100　　　　　D. 2 200
15. 某企业20××年发生的营业收入为1 000万元,营业成本为600万元,销售费用为20万元,管理费用为50万元,财务费用为10万元,投资收益为40万元,资产减值损失为70万元(损失),公允价值变动损益为80万元(收益),营业外收入为25万元,营业外支出为15万元。该企业20××年的营业利润为( )万元。
　　A. 370　　　　　　B. 330　　　　　　C. 320　　　　　　D. 390

二、多项选择题(每题2分,共20分)

1. 下列各项银行支付结算方式中,属于企业和个人均可使用的有( )。
　　A. 汇兑　　　　　　　　　　　　B. 银行承兑汇票
　　C. 商业承兑汇票　　　　　　　　D. 支票
2. 下列资产属于无形资产的有( )。
　　A. 专利权　　　　　　　　　　　B. 非专利技术
　　C. 专营权　　　　　　　　　　　D. 土地使用权
3. 企业不记入"税金及附加"的税费有( )。
　　A. 增值税　　　　B. 印花税　　　　C. 房产税　　　　D. 个人所得税
4. 下列固定资产中,不应计提折旧的固定资产有( )。
　　A. 处于更新改造期间的固定资产　B. 已提足折旧仍继续使用的固定资产
　　C. 大修理的固定资产　　　　　　D. 经营租入的固定资产

5. 下列各项,应计入营业外收入的有( )。
   A. 原材料盘盈
   B. 无法查明原因的现金溢余
   C. 转让长期投资取得的净收益
   D. 接受捐赠收入

6. 下列负债项目中,其账面价值与计税基础不会产生差异的有( )。
   A. 短期借款
   B. 应付票据
   C. 应付账款
   D. 预计负债

7. 下列各项,属于我国现金流量表中现金的有( )。
   A. 银行存款
   B. 银行汇票存款
   C. 库存现金
   D. 现金等价物

8. 下列各项中,应计入其他业务成本的有( )。
   A. 对外捐赠支出
   B. 为本单位运输产品的车辆的维修费
   C. 对外提供运输服务的车辆的维修费
   D. 对外销售的原材料的成本

9. 企业进行坏账核算时,估计坏账损失的方法有( )。
   A. 加权平均法
   B. 应收款项余额百分比法
   C. 账龄分析法
   D. 销货百分比法

10. 下列关于固定资产的表述中,说法正确的有( )。
    A. 租入固定资产作为使用权资产核算。
    B. 自有固定资产发生的扩建支出,应通过"在建工程"账户核算。
    C. 自有固定资产扩建支出,应当计入固定资产账面价值
    D. 固定资产修理费用,应当直接计入当期费用

三、判断题(每小题 1 分,共 10 分)

1. 企业计提应收款项减值准备的方法由企业自行确定。但是计提方法一经确定,不得随意变更。如需变更,应在会计报表附注中予以说明。   (   )

2. 已计入各期费用的研究开发费用,在该项无形资产获得成功并依法申请专利时,再将原已计入费用的研究开发费予以资本化。   (   )

3. 当企业作为无形资产确认的土地使用权改变用途,用于出租等目的时,则不应再作为无形资产确认。   (   )

4. 某企业为小规模纳税人,销售产品一批,含税价格 42 400 元,增值税征收率为 3%,该批产品应交增值税为 1 272 元。   (   )

5. 购买固定资产的价款超过正常信用条件延期支付,实质上具有融资性质的,固定资产的成本应当以支付的总价款为入账价值。   (   )

6. 企业在财产清查时发现的存货盘亏、盘盈,应当于年末结账前处理完毕,如果确实尚未报经批准的,可先保留在"待处理财产损溢"科目中,待批准后再处理。   (   )

7. 可供投资者分配的利润在提取任意盈余公积之前,应先支付普通股股利。   (   )

8. 20××年 10 月 1 日,甲公司收到政府补助 8 000 元,用于补偿甲公司已经发生的管理部门相关费用和损失。甲公司应冲减管理费用。   (   )

9. 某企业 20××年确认应支付的职工薪酬共计 5 000 万元,尚未支付。按照税法规定的

计税工资标准可以于当期扣除的部分为 4 500 万元,则 20××年年末应付职工薪酬的计税基础为 500 万元。（　　）

10. 接受现金捐赠与对外现金捐赠均属于投资活动产生的现金流量。（　　）

四、实务题【共 55 分,第(一)题 17 分,第(二)题 9 分,第(三)题 13 分,第(四)题 16 分】

（一）甲企业为增值税一般纳税人,增值税税率为 13%。原材料采用实际成本核算,原材料发出采用月末一次加权平均法计价。为简化计算,运输费不考虑增值税。

20××年 4 月,与 A 材料相关的资料如下:

1. 1 日,"原材料——A 材料"账户余额 20 000 元(共 2 000 千克,其中,含 3 月末验收入库但因发票账单未到而以 2 000 元暂估入账的 A 材料 200 千克)。

2. 5 日,收到 3 月末以暂估价入库 A 材料的发票账单,货款 1 800 元,增值税税额为 234 元,经认证准予抵扣,对方代垫运输费 400 元,全部款项已用转账支票付讫。

3. 8 日,以汇兑结算方式购入 A 材料 3 000 千克,发票账单已收到,货款 36 000 元,增值税税额为 4 680 元,经认证准予抵扣,运输费用 1 000 元。材料尚未到达,款项已由银行存款支付。

4. 11 日,收到 8 日采购的 A 材料,验收时发现只有 2 950 千克。经检查,短缺的 50 千克确定为运输途中的合理损耗,A 材料验收入库。

5. 18 日,持银行汇票 80 000 元购入 A 材料 5 000 千克,增值税专用发票上注明的货款为 49 500 元,增值税税额为 6 435 元,经认证准予抵扣,另支付运输费用 2 000 元,材料已验收入库,剩余票款退回并存入银行。

6. 21 日,基本生产车间自制 A 材料 50 千克验收入库,总成本为 600 元。

7. 30 日,根据"发料凭证汇总表"的记录,4 月份基本生产车间为生产产品领用 A 材料 6 000 千克,车间管理部门领用 A 材料 1 000 千克,企业管理部门领用 A 材料 1 000 千克。

要求:

1. 计算甲企业 4 月份发出 A 材料的单位成本。

2. 根据上述资料,编制甲企业 4 月份与 A 材料有关的会计分录。

("应交税费"账户要求写出明细账户和专栏名称,答案中的金额单位用"元"表示)

（二）甲、乙两公司签订了一份 800 万元的劳务合同,甲公司为乙公司开发一套系统软件(以下简称项目 A),20××年 3 月 2 日项目开发工作开始,预计第三年 2 月 26 日完工。

预计开发完成该项目的总成本为 720 万元。适用的增值税税率为 6%。其他有关资料如下:

1. 20××年 3 月 30 日,甲公司预收乙公司支付的项目款 340 万元存入银行。

2. 20××年甲公司为该项目实际发生劳务成本 252 万元。

3. 至第二年 12 月 31 日,甲公司为该项目累计实际发生劳务成本 630 万元。

4. 甲公司在 20××年、第二年年末均能对该项目的结果予以可靠估计。

要求:

1. 计算甲公司 20××年、第二年该项目的履约进度。

2. 计算甲公司 20××年、第二年该项目应确认的收入和费用。

3. 编制甲公司 20××年收到项目款、确认收入和费用的会计分录。

（三）甲上市公司发行公司债券为建造专用生产线筹集资金,有关资料如下:

1. 20××年 1 月 1 日,委托证券公司以 7 755 万元的价格发行 3 年期分期付息公司债券,该债券面值为 8 000 万元,票面年利率为 4.5%,实际年利率为 5.64%,每年付息一次,到期后按面值偿还。

2. 生产线建造工程采用出包方式,于20××年1月1日开始动工,发行债券所得款项当日全部支付给建造承包商,第二年12月31日所建造生产线达到预定可使用状态。

3. 假定各年度利息的实际支付日期均为下年度的1月10日,第四年1月10日支付第三年度利息,一并偿付面值。

4. 所有款项均以银行存款收付。

要求:

1. 计算甲公司该债券在各年年末的摊余成本、应付利息金额、当年应予资本化或费用化的利息金额、利息调整的本年摊销额和年末余额,结果填入"应付债券利息调整和摊余成本计算表"中(不需列出计算过程),如附表2-3所示。

附表2-3 应付债券利息调整和摊余成本计算表

时间	面值	年末应付利息	利息调整	当年应予资本化或费用化的利息金额	利息调整本年摊销额	年末摊余成本

2. 编制甲公司债券发行的会计分录。

3. 编制甲公司20××年12月31日确认债券利息的会计分录。

4. 编制甲公司第四年1月10日支付利息和面值业务相关的会计分录。

(答案中的金额单位用"万元"表示,"应付债券"账户应列出明细账户)

(四)甲企业为增值税一般纳税人,增值税税率为13%。采用备抵法核算坏账。20××年12月1日,甲企业"应收账款"账户借方余额为500万元,"坏账准备"账户贷方余额为25万元,计提坏账准备的比例为期末应收账款余额的5%。

12月份,甲企业发生如下相关业务:

1. 5日,向乙企业赊销一批商品,按商品价目表标明的价格计算的金额为1 000万元(不含增值税),由于是成批销售,甲企业给予乙企业10%的商业折扣。

2. 9日,一客户破产,根据清算程序,有应收账款40万元不能收回,确认为坏账。

3. 11日,收到乙企业的销货款500万元,存入银行。

4. 21日,收到前已转销为坏账的应收账款10万元,存入银行。

5. 30日,向丙企业销售一批商品,增值税专用发票上注明的售价为100万元,增值税税额为13万元。甲企业为了及早收回货款而在合同中规定的现金折扣条件为:2/10,1/20,n/30。假定现金折扣不考虑增值税。

要求:

1. 编制甲企业上述业务的会计分录。

2. 计算甲企业本期应计提的坏账准备并编制会计分录。

("应交税费"账户要求写出明细科目和专栏名称,答案中的金额单位用"万元"表示)

郑重声明

高等教育出版社依法对本书享有专有出版权。任何未经许可的复制、销售行为均违反《中华人民共和国著作权法》，其行为人将承担相应的民事责任和行政责任；构成犯罪的，将被依法追究刑事责任。为了维护市场秩序，保护读者的合法权益，避免读者误用盗版书造成不良后果，我社将配合行政执法部门和司法机关对违法犯罪的单位和个人进行严厉打击。社会各界人士如发现上述侵权行为，希望及时举报，本社将奖励举报有功人员。

反盗版举报电话　（010）58581999　58582371　58582488
反盗版举报传真　（010）82086060
反盗版举报邮箱　dd@hep.com.cn
通信地址　北京市西城区德外大街4号　高等教育出版社法律事务与版权管理部
邮政编码　100120

高等教育出版社

教学资源索取单

尊敬的老师：

　　您好！

　　感谢您使用王宗江、赵孝廉等编写的《财务会计学习指导、习题与实训（第六版）》。为便于教学，本书另配有课程相关教学资源，如贵校已选用了本书，您只要加入会计教师论坛 QQ 群，或者添加服务 QQ 号 800078148，或者把下表中的相关信息以电子邮件方式发至我社即可免费获得。

　　另外，我们研发有 8 门财会类课程试题库："基础会计""财务会计""成本计算与管理""财务管理""管理会计""税务会计""税法""审计基础与实务"。题库共 25 000 多道试题，知识点全覆盖，题型丰富，可自动组卷与批改。如贵校选用了高教社沪版相关课程教材，我们将免费提供给老师 8 门课程题库生成的各 6 套试卷及答案（Word 格式难中易三档），老师也可与我们联系获取更多免费题库资源。

我们的联系方式：

（以下 3 个"会计教师论坛"QQ 群，加任何一个即可享受服务，请勿重复加入）

QQ3 群：473802328　　　　QQ2 群：370279388　　　　QQ1 群：554729666

联系电话：(021)56961310/56718921　　地址：上海市虹口区宝山路 848 号　　邮编：200081

电子邮箱：800078148@b.qq.com　　　服务 QQ：800078148（教学资源）

姓　　名		性别		出生年月		专　　业	
学　　校				学院、系		教 研 室	
学校地址						邮　　编	
职　　务				职　　称		办公电话	
E-mail						手　　机	
通信地址						邮　　编	
本书使用情况	用于_____学时教学，每学年使用_____册。						

您还希望从我社获得哪些服务？

☐教师培训　　　　☐教学研讨活动

☐寄送样书　　　　☐相关图书出版信息

☐其他_____